Arthur Thömmes

55 Methoden Ethik

In diesem Werk sind nach dem MarkenG geschützte Marken und sonstige Kennzeichen für eine bessere Lesbarkeit nicht besonders kenntlich gemacht. Es kann also aus dem Fehlen eines entsprechenden Hinweises nicht geschlossen werden, dass es sich um einen freien Warennamen handelt.

4. Auflage 2024

Sind Internetadressen in diesem Werk angegeben, wurden diese vom Verlag sorgfältig geprüft. Da wir auf die externen Seiten weder inhaltliche noch gestalterische Einflussmöglichkeiten haben, können wir nicht garantieren, dass die Inhalte zu einem späteren Zeitpunkt noch dieselben sind wie zum Zeitpunkt der Drucklegung. Der Auer Verlag übernimmt deshalb keine Gewähr für die Aktualität und den Inhalt dieser Internetseiten oder solcher, die mit ihnen verlinkt sind, und schließt jegliche Haftung aus.

Autor*innen: Arthur Thömmes
Covergestaltung: Daniel Fischer – Grafikdesign München
Illustrationen: Corina Beurenmeister, Julia Flasche, Steffen Jähde, Hendrik Kranenberg, Anne Karen Rasch
Satz: Fotosatz H. Buck, Kumhausen
Druck und Bindung: Druckerei Joh. Walch GmbH & Co. KG
ISBN 978-3-403-**07640**-7

www.auer-verlag.de

„Was soll ich tun?" ist eine der Grundfragen der Ethik. Sie beschäftigt sich damit, was gutes und schlechtes Handeln ausmacht. Dabei nimmt sie den Menschen in seinen Entscheidungssituationen in den Blick und gibt ihm Hilfen zur Entwicklung seiner ethischen Urteilsbildung. Es geht um die Frage, ob es einen allgemein gültigen Maßstab gibt, an dem wir unser Handeln ausrichten und beurteilen können. Und welcher Maßstab ist der richtige?

Dies ist eine wichtige Kompetenz, die der Ethikunterricht vermitteln will: Die Entwicklung ethischer Entscheidungskompetenz angesichts der bedeutenden Fragen des Lebens und des Todes.

Schritt für Schritt wird dieses ethische Denken eingeübt. Der Ethikunterricht nimmt dabei die Motive, die Methoden und die Folgen menschlichen Handelns in den Blick. Neben der Vermittlung von ethisch relevantem Fachwissen bieten der Alltag und die Lebenswelt der Schüler eine vielfältige Fundgrube an Beispielen, um das ethische Denken zu trainieren. So können menschliche Werte und Normen, Sach-, Sinn- und Lebensfragen lebensnah einbezogen werden.

Dabei ist es immer wieder bedeutsam, Positionen zu entwickeln, die argumentativ begründet werden, um so die ethische Urteilsbildung zu fördern. Hier haben Gespräch und Diskurs eine unterstützende Funktion, um das selbstständige Denken und die Förderung des moralisch-ethischen Argumentierens zu unterstützen.

Zum Methodeneinsatz im Ethikunterricht

Die Methoden, die in dieser Unterrichtshilfe vorgestellt werden, verstehen sich als Werkzeuge. Es sind Hilfen für Lehrer und Schüler, die zu einem anregenden und spannenden Unterricht motivieren. Sie wollen helfen, die vielfältigen Themenbereiche des Ethikunterrichts lebensnah und sachkundig zu erforschen. So sollen das eigene Nachdenken und die Urteilsbildung gefördert, aber auch die gemeinsame Erkundung relevanter Themen erleichtert werden. Wichtig ist, dass Sie mit den vorgestellten Methoden flexibel arbeiten und sie an das jeweilige Thema und die Lerngruppe anpassen.

Dabei habe ich versucht, einige neue methodische Zugänge zu entwickeln, die speziell für den Ethikunterricht zugeschnitten sind: Denkfabrik, Ideenschmiede, Zukunftsforscher, Werte-Werkstatt, Ethikkomitee, Provokateur, Denkraum, Ethik-Blog, Zettelkunst, Ethik-Tabu etc.

Zu bedenken ist, dass es sich hier um eine reine Methodensammlung handelt und keine konkrete Verknüpfung mit ethischen Themenbereichen entfaltet wird. Diese Arbeit sollte die Lehrperson selbst leisten können.

Diese Methodensammlung ist nach drei Schwerpunkten gegliedert:
- Methoden zum Einstieg
- Methoden zur Erarbeitung und Vertiefung
- Methoden zur Präsentation und zum Abschluss

Aufbau der Handreichung

Die Darstellung der einzelnen Methoden folgt im Wesentlichen folgendem Schema:

In der Kopfzeile erhalten Sie den Hinweis, **für welche Jahrgangsstufen** sich die Methode besonders eignet. Dabei handelt es sich um Erfahrungswerte zu Ihrer Orientierung. Da Sie Ihre Klasse und deren Kompetenzen am besten kennen, ist es selbstverständlich möglich, Methoden auch in anderen Jahrgangsstufen einzusetzen.

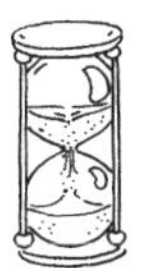

Des Weiteren ist bereits in der Kopfzeile angegeben, **wie viel Zeit** Sie in etwa für die Durchführung einer Methode einplanen müssen. Auch dies variiert abhängig von der jeweiligen Lerngruppe bzw. den thematischen Inhalten.

Für eine leichtere Vorbereitung finden Sie Hinweise zum benötigten **Material.** Dieses ist in der Regel einfach zu beschaffen und gehört zur typischen Ausstattung eines Ethiklehrers.

Falls es erforderlich ist, finden Sie eine kurze Anleitung zur Herstellung nötigen Unterrichtmaterials bzw. Informationen darüber, welche **Vorbereitungen** Sie treffen sollten.

Damit Sie die vorgestellten Methoden einfach in Ihren Unterricht einbauen können, wird Ihnen die **Durchführung** der jeweiligen Methode schrittweise erläutert. An einigen Stellen helfen Ihnen außerdem vorgeschlagene **Varianten**, die Methoden an ihre Klasse anzupassen bzw. für Abwechslung zu sorgen, wenn Sie eine Methode zum wiederholten Mal einsetzen.

Weitere Hinweise und / oder **konkrete Unterrichtsbeispiele** runden die Beschreibung jeder Methode ab. So können Sie diese gleich ausprobieren und eine Vorstellung davon bekommen, für welche Themen sich die jeweilige Methode anbietet.

Ich wünsche Ihnen viele anregende und spannende Ethikstunden mithilfe der vorgestellten Methoden.

Arthur Thömmes

drei Bälle

Kleine Bälle gibt es relativ günstig zu erwerben – meist in Form von Antistressbällen. Bemalen Sie die Bälle vor dem Einsatz mit Smileys (s. unten).

Durchführung:

Die drei Bälle drücken drei unterschiedliche Positionen aus. Der Lehrer schreibt zunächst eine provokante These an die Tafel (z. B.: „Das Leben ist vor allem vom Schicksal bestimmt") und die Schüler sollen anschließend unterschiedliche Einstellungen zum Thema mithilfe der Bälle ausdrücken. Entscheidend ist, dass sich die Schüler dabei bewusst in bestimmte Positionen hineindenken. Der Lehrer wirft dem ersten Schüler den Ball mit dem lachenden Smiley zu. Der Schüler formuliert daraufhin einen Satz, der die These unterstützt (z. B.: „Alles ist vorherbestimmt, sonst würden nicht so viele Katastrophen stattfinden"). Der Schüler wirft dann einen Ball seiner Wahl an den nächsten Schüler usw.

Weiterer Hinweis:

Der Lehrer sollte vor Beginn der Ballrunde deutlich machen, dass es nicht um die eigene Position geht, sondern um das Formulieren unterschiedlicher Argumente.

Variante 1:

Es werden Gruppen zu den drei Positionen gebildet, die Argumente für ihren jeweiligen Standpunkt finden. Die Gruppe mit dem lachenden Smiley beginnt und wirft den Ball zu einem Mitglied einer anderen Gruppe. Dieser Schüler muss ein Argument entgegensetzen, das der Position seiner Gruppe entspricht usw.

Variante 2:

Die Bälle werden dazu benutzt, unterschiedliche Befindlichkeiten zu verdeutlichen.

Sammlung an Fotos mit unterschiedlichen Motiven

Es ist sinnvoll, sich eine eigene Fotomappe anzulegen. Dazu werden aus unterschiedlichen Zeitschriften Fotomotive gesammelt, ausgeschnitten, auf ein weißes DIN-A4-Blatt geklebt und in eine Folie gelegt. Nach und nach entsteht so eine umfangreiche Fotosammlung. Auch Schüler können für sich eine solche Sammlung erstellen. Fertige Fotosammlungen sind außerdem käuflich zu erwerben.

Durchführung:

Die ausgewählten Fotos werden auf Tischen oder dem Boden ausgelegt. Zum Einstieg in ein neues Unterrichtsthema suchen sich die Schüler ein Motiv aus, das sie damit in Zusammenhang bringen. Sie machen einen Rundgang und betrachten sich die Fotos in Ruhe. Nach und nach werden die Fotos mit den entsprechenden Gedanken von den Schülern vorgestellt. Dabei wird nicht diskutiert oder nachgefragt, sondern nur zugehört.

Weiterer Hinweis:

Gezielte Leitfragen können ein wenig Ordnung und Struktur in die Bilderflut bringen.

Variante 1:

Es werden mehrere Gruppen gebildet, die mithilfe ausgesuchter Fotos eine inhaltliche Position visualisieren. Dabei zeigen sie die Bilder mit entsprechenden Kommentaren. Auch ohne Worte kann die Bildershow viel aussagen.

Variante 2:

Das Internet bietet eine Vielzahl an guten und kostenlosen Bilddatenbanken, in denen man auch gezielt mithilfe von Stichworten suchen kann (Pixelio, Flickr, Pixabay etc.). Die Schüler erzählen mit den von ihnen ausgewählten Bildern eine kleine Geschichte zum Thema.

Variante 3:

Mehrere Schüler suchen nach Bildmotiven zum Thema und tauschen sich in der Kleingruppe darüber aus. Abschließend formulieren sie einen Kernsatz. Im Plenum werden die einzelnen Kernsätze vorgestellt und kommentiert.

Fragekarten

Gestalten und kopieren Sie die Fragekarten für Ihre Schüler.

Durchführung:

Häufig stehen fertige Fragen und Antworten im Mittelpunkt des Unterrichts. Bei dieser aktivierenden Methode rücken nicht die Antworten, sondern die Fragen in den Fokus. Dazu werden zunächst die Fragekarten ausgelegt. Nach der Vorstellung der Thematik sollen die Schüler Fragen zum Thema formulieren und notieren. Das kann in Einzel- oder Partnerarbeit geschehen. Eine Kleingruppe ist dafür verantwortlich, die Fragen einzusammeln und an einer Pinnwand inhaltlich zu ordnen und zu strukturieren. Dabei werden auch Mehrfachnennungen aussortiert. Die Fragewand wird dem Plenum vorgestellt und dient vor allem dem Lehrer als Grundlage für die weitere Unterrichtsplanung und -gestaltung.

Weitere Hinweise:

Bei dieser Methode ist es wichtig, die Schüler als Fragesteller ernst zu nehmen. Dazu sollte der Lehrer unbedingt nachfragen, um alles gut zu verstehen.

Ein Exkurs zur richtigen Fragestellung und die verschiedenen Fragearten (Denkfragen, Wissensfragen, Gefühlsfragen usw.) wäre eine interessante Hinführung zur Frageeinheit.

Variante:

Alle Fragen werden gesammelt und an eine Pinnwand geheftet. Gemeinsam werden sie kritisch begutachtet und geordnet. Die zehn wichtigsten Fragen werden herausgefiltert.

Konkretes Unterrichtsbeispiel:

? ? ? ?	? ? ? ?	? ? ? ?

Zettel mit Zitaten

Im Internet gibt es eine Vielzahl an Datenbanken mit umfangreichen Zitatesammlungen (www.zitate.de, www.zitate-aphorismen.de, www.aphorismen.de, www.gutzitiert.de, www.lebensweisheiten.net). Dort kann man nach Stichworten suchen und die entsprechenden Ergebnisse werden aufgelistet.

Durchführung:

Eine anregende Einstiegsmethode bieten Zitate und Sinnsprüche zum Thema. Gerade im Fach Ethik ist eine unerschöpfliche Fülle an Texten zu finden. Der Lehrer legt Zettel mit unterschiedlichen Zitaten aus. Die Schüler gehen herum und lesen die Texte. Jeder sucht sich einen Text aus und nimmt sich die entsprechende Karte. Im Plenum stellt jeder seine Auswahl mit einer kurzen Kommentierung vor.

Weiterer Hinweis:

Zitate sind immer aus einem größeren Zusammenhang gerissen und meist mit der Position einer bestimmten Person verknüpft. Daher sind zusätzliche Informationen und Recherchen zu den Autoren manchmal notwendig.

Variante 1:

Die Schüler erhalten die Aufgabe, auf vorgegebenen Internetseiten nach Zitaten und Weisheiten zum Thema zu suchen und eine Liste dazu anzufertigen.
In Partnerarbeit, Vierergruppen, Achtergruppen etc. werden die zutreffendsten Texte ausgesucht und notiert. Sie bieten eine gute Grundlage zur Diskussion und Weiterarbeit am Thema.

Variante 2:

Eine Sammlung an Zitaten und Sprüchen wird auf einem Arbeitsblatt zusammengestellt. Die Schüler lesen die Texte und beurteilen sie nach folgenden Kriterien:
+ = Diese Aussage ist treffend / nachvollziehbar / …
– = Diese Aussage halte ich für völlig überzogen / missverständlich / …
? = Dazu habe ich folgende Frage: …

Konkrete Unterrichtsbeispiele:

- Ich erschrak, als ich sah, dass ich bin, wie man ist.
- Manche Leute kaufen sich von dem Geld, das sie nicht haben, Sachen, die sie nicht brauchen, um damit Leuten zu imponieren, die sie nicht mögen.
- Wenn alles gleich gültig ist, wird vieles gleichgültig.
- Die höchste Form der Anerkennung ist der Neid.

Zeitungsausschnitt oder Videoclip

Der Zeitungsausschnitt kann als Kopie oder Folie präsentiert werden. Treffen Sie für die Präsentation des Videoclips entsprechende technische Vorbereitungen (Beamer, Tablet bzw. Notebook).

Durchführung:

Der Lehrer konfrontiert die Schüler mit einem aktuellen Impuls, der zu einem Thema hinführen und die Schüler zur Auseinandersetzung motivieren soll. Der Impuls kann kommentarlos erfolgen oder es werden Leitfragen dazu formuliert.

Weitere Hinweise:

Gerade im Ethikunterricht sind aktuelle und interessante Impulse sowie Beispiele für die Schüler sehr anregend. Dabei ist es auch wichtig, immer die Lebens- und Erfahrungswelt der Schüler zu berücksichtigen.

Das Internet bietet viele Möglichkeiten zur Informationsbeschaffung, z. B. die Seiten großer Zeitungen. Auch Fernseh- und Radiosender haben Mediatheken und Podcast-Sammlungen. YouTube eignet sich ebenfalls als Fundgrube.

Der Lehrer als Jäger und Sammler sollte sich eine persönliche Datenbank mit Texten und Videos anlegen, die er immer wieder aktualisiert. Diese kann in einer Cloud abgelegt werden, auf die die Schüler zugreifen können.

Variante:

Die Schüler erhalten den Arbeitsauftrag, im Internet nach aktuellen Nachrichten zu einer vorgestellten Thematik zu recherchieren. Dabei ist eine Einführung in die Recherche unerlässlich (Suchbegriffe, seriöse Seiten etc.).

Konkretes Unterrichtsbeispiel:

SUCHPROTOKOLL

- Gesucht haben:
- Das Thema / die Schlagzeile:
- Fragestellung für die Recherche:
- Internetadresse:
- Inhaber der Webseite:
- Kurzbeschreibung des Inhalts:

Kurzfilm (online oder auf einem Speichermedium)

Treffen Sie für die Präsentation des Kurzfilms entsprechende technische Vorbereitungen (Beamer, Tablet bzw. Notebook).

Durchführung:

Das Medium Kurzfilm eignet sich gut, um im Ethikunterricht in ein Thema einzuführen und die Schüler zu sensibilisieren. Dazu ist es notwendig, den Schülern zum Medium einige Informationen zu geben. Ein besonderes Merkmal des Kurzfilms ist seine Länge. Er bietet zudem durch seine Symbolik eine besondere Ausdrucksmöglichkeit. Diese gilt es zu erkennen und zu entschlüsseln. Daher ist eine gewisse Konzentration beim Anschauen notwendig. Neben der Beschreibung des Inhalts können etwa Fragen nach der Kameraführung oder der Blick auf die Dialoge hilfreich sein. Zur Weiterarbeit sind daher vorbereitete Beobachtungsaufgaben hilfreich (Gib dem Film einen Titel! Welches Thema behandelt der Film? Mit wem identifizierst du dich? Welche Gefühle erzeugt der Film bei dir? Welche Filmszene hat dich am meisten bewegt? Welche Botschaft vermittelt der Film?). Zu vielen Kurzfilmen finden sich methodisch-didaktisch aufbereitete Arbeitsmaterialien.

Weiterer Hinweis:

Es ist sinnvoll, eine eigene Filmsammlung anzulegen. Dabei sollten immer die Urheberbestimmungen beachtet werden.

Hilfreiche Internetadressen:
- https://unterrichten.zum.de/wiki/Kurzfilm
- http://www.fundgrube-religionsunterricht.de/155.html
- www.ag-kurzfilm.de/
- http://www.bpb.de/shop/multimedia/dvd-cd/173777/kurzfilm-macht-schule-18-filme-mit-arbeitsmaterialien

Filmbeispiele:
- Philosophisches Kopfkino (Logik, Ethik, Glaube, Wahrheit, Utopia, Dialektik, Hermeneutik, Idealismus, Freiheit etc.) unter www.3sat.de
- Leben in einer Schachtel, Balance, Schwarzfahrer, Der Klonforscher, Wa(h)re Schönheit usw.

Variante 1:

Die Schüler erhalten die Aufgabe, zu Hause einen eigenen Kurzfilm (ca. 1–2 Minuten) als Einstieg in ein Thema zu drehen. Im Unterricht stellen sich die Schüler ihre Kurzfilme gegenseitig vor.

Variante 2:

Es wird nur ein Teil des Kurzfilms gezeigt. Die Schüler sollen überlegen, wie der Film weitergeht. Die unterschiedlichen Ideen werden vorgestellt und besprochen. Das wirkliche Filmende wird schließlich vorgeführt. Diese Methode eignet sich besonders gut, wenn eine Geschichte erzählt wird.

Konkretes Unterrichtsbeispiel:

Anregungen und Fragen zur Auseinandersetzung mit einem Kurzfilm:

Fasse den Inhalt des Filmes in drei Sätzen zusammen.

Gib dem Film einen neuen Titel.

Erzähle den Inhalt aus der Sicht einer handelnden Person.

Erfinde ein neues Ende des Films.

Welche Botschaft hat der Film?

Beschreibe eine Szene, die dich besonders bewegt hat.

Welche Gefühle erzeugt der Film in dir?

Welche filmischen Mittel werden benutzt (Schnitt, Farben, Beleuchtung, Kameraführung)?

Musiktitel (Speichermedium), Abspielgerät

Treffen Sie für das Abspielen des Musiktitels entsprechende technische Vorbereitungen.

Durchführung:

Die populäre Musik bietet zu vielen Themenbereichen des Ethikunterrichts reichhaltige Anregungen. Die Songs sprechen das Lebensgefühl junger Menschen an und setzen sich kritisch mit Problemstellungen auseinander.

Der ausgesuchte Song wird zunächst einmal ohne Textvorlage und in Ruhe angehört. Anschließend wird der Liedtext durchgelesen und besprochen.

Weitere Hinweise:

- Es ist wichtig, die Jugendlichen mit ihrer Musik ernst zu nehmen. Sie sind die Experten für ihre Musik und liefern gerne entsprechende aktuelle Beispiele.
- Achtung: Musik ist Geschmackssache und kann bei manchen Titeln oder Genres zu kontroversen Diskussionen oder Unmutsäußerungen führen. Hier kann gerade im Ethikunterricht Toleranz konkret eingeübt werden.
- Viele Musiktitel sind so vielschichtig, dass es schade wäre, sie nur als Impuls für einen thematischen Einstieg zu nutzen. Es können ganze Unterrichtsstunden oder -reihen damit gestaltet werden.
- In Lyrics-Datenbanken im Internet lassen sich die gesuchten Liedtexte finden.
- Zum Ansehen und Anhören bieten Musikvideoportale wie YouTube oder MyVideo viele Möglichkeiten. Was das Downloaden betrifft, sind die entsprechenden Urheberrechtsbestimmungen zu beachten.

Variante 1:

Der Lehrer legt Fotos aus. Die Schüler wählen nach dem ersten Hören des Liedes ein Foto aus, das sie damit in Verbindung bringen.

Variante 2:

Der Refrain des Songs wird an die Tafel geschrieben. Die Schüler überlegen, welches Thema in dem Lied behandelt wird. Anschließend wird der ganze Song angehört.

Variante 3:

Die Schüler schließen beim Hören des Songs die Augen und konzentrieren sich auf die Musik. Anschließend beschreiben sie sich gegenseitig, was sie dabei gefühlt haben, ohne darüber zu diskutieren.

Plakate bzw. Flipchartblätter, Stifte

Befestigen Sie die Plakate an den Wänden des Klassenraums. Wenn dieser zu klein ist, kann auch der Schulflur genutzt werden. Selbst Tische können als Schreibunterlage dienen. Es ist wichtig, dass sich die Schüler bei der Methode im Raum bewegen können.

Durchführung:

Auf mehreren Plakaten sind unterschiedliche Thesen, Fragestellungen oder Provokationen zu einem Thema notiert. Die Schüler bewegen sich von Plakat zu Plakat (ohne feste Reihenfolge) und notieren ihre Assoziationen. Die Bewegung soll das kreative Denken fördern. Dabei reagieren die Schüler auf bereits geschriebene Texte, wobei sie Symbole verwenden können, um ihre Aussagen zu verdeutlichen (z. B. Fragezeichen, Ausrufezeichen, Smileys). Während der Übung wird nicht gesprochen. Auf den Ergebnissen baut der weitere Unterrichtsverlauf auf.

Weitere Hinweise:

Diese Ideenfindung in Bewegung verlangt viel Konzentration und Ruhe. Denn eine geschriebene Äußerung kann nicht mehr gelöscht werden und der Schreiber muss damit rechnen, dass sie von allen beachtet wird.

Variante 1:

Die vorbereiteten Texte werden auf Blätter geschrieben, die rundgereicht werden. Jeder kann seine Gedanken darauf ergänzen und so auf vorhergehende Beiträge reagieren.

Variante 2:

Die Schüler erhalten einen kurzen Textimpuls und die Aufgabe, sich im Gehen auf dem Schulgelände damit auseinanderzusetzen.

Variante 3:

Brainstorming: Bei dieser kreativen Ideenproduktion stehen spontane Gedanken im Mittelpunkt. Ein Begriff oder ein Satz wird angeschrieben (Tafel, Flipchart, Moderationskarten). Jeder Schüler kann dazu notieren, was ihm gerade einfällt. Auch scheinbar unsinnige Beiträge sind erlaubt. Die Äußerungen werden nicht bewertet. Die Ideensammlung kann anschließend geordnet werden.

Variante 4:

ABC-Liste: Auf einem Arbeitsblatt mit Alphabetstruktur können die Schüler ihre Ideen nach Anfangsbuchstaben geordnet notieren.

Tische, Stellwände, Notebooks, Informations- und Arbeitsmaterialien, evtl. Internetzugang

Legen Sie die Informations- und Arbeitsmaterialien im Klassenraum aus.

Durchführung:

Bücher, Texte, Filme, Fotos, Lieder, Musik, Kunstwerke, Arbeitsblätter etc. sind in der Klasse verteilt. Die Schüler haben die Möglichkeit, sich in aller Ruhe mit den Materialien zu beschäftigen und so einen motivierenden Überblick zum Thema zu erhalten. Nach der Schmökerrunde setzen sich die Schüler in einen Sitzkreis und stellen sich die Ergebnisse ihrer Recherche vor. Dabei werden die Themen und Fragen notiert, die für den Lehrer bei der methodisch-didaktischen Abschnittsplanung hilfreich sein können.

Weitere Hinweise:

Bei dieser Methode greift der Lehrer zunächst in seinen eigenen Themenfundus und bietet den Schülern seine Materialien zum Thema.

Er kann aber auch die Schüler im Vorfeld dazu anregen, eigene Materialien mitzubringen und auszulegen. So lässt sich ganz nebenbei die Materialsammlung des Lehrers erweitern.

Variante 1:

Die Schüler erhalten unterschiedliche Arbeitsaufträge, an denen sie ihre Recherche orientieren.

Variante 2:

Der Besuch einer Bibliothek bzw. Mediothek kann ganz neue Sichtweisen beim Einstieg in ein neues Thema bieten.

Moderationskarten, Stifte, Pinnwand

keine

Durchführung:

Am Beginn der Methode steht eine These, eine Frage oder eine Problemstellung. Die Schüler versuchen, diese auf den Kopf zu stellen, um so genau das Gegenteil zu formulieren. Dazu erhalten alle Schüler eine Moderationskarte, auf die sie ihren Satz schreiben. Die Moderationskarten werden an eine Pinnwand geheftet. Bei einem Rundgang werden diese zunächst von allen gesichtet. Es werden mehrere Gruppen gebildet. Jede nimmt sich die entsprechende Anzahl an Karten. Im gemeinsamen Gespräch werden die Sätze zunächst ins Gegenteil umformuliert. Danach kann die Suche nach einer Lösung beginnen. Ist diese gefunden, kann sie dabei helfen, auch die Ausgangsfrage bzw. die ursprüngliche Problemstellung zu lösen.

Weitere Hinweise:

Es ist wichtig, die Methode genau zu erklären und mit einigen Beispielen zu verdeutlichen. Diese Methode will vor allem dabei helfen, durch den gedanklichen Kopfstand ein Problem genauer zu erfassen und originelle Lösungsansätze zu finden.

Variante:

Jede Gruppe hat unterschiedliche thematische Schwerpunkte, die zu erörtern sind.

Konkretes Unterrichtsbeispiel:

1. **Formuliere eine Frage oder eine Problemstellung.**
   (z. B. „Wie kann ich Vorurteile abbauen?")
2. **Stelle nun die Frage auf den Kopf und formuliere das Gegenteil.**
   (z. B. „Wie kann ich mir Vorurteile gegenüber meinen Mitmenschen systematisch einüben?")
3. **Sammle Ideen zur Negativ-Frage.**
   (z. B. „Ich bin unfreundlich zu jedem Menschen", „Ich brauche keine Informationen über Fremde, die ich nicht kenne", „Jeder, der anders ist, ist gefährlich", etc.)
4. **Stelle diese Ideen nun wieder auf den Kopf.**
   (z. B. „Ich bin freundlich zu jedem Menschen", „Ich informiere mich zunächst, wenn ich einen Menschen nicht kenne", „Jeder, der anders ist, ist interessant", etc.)

1.11 Denkfabrik

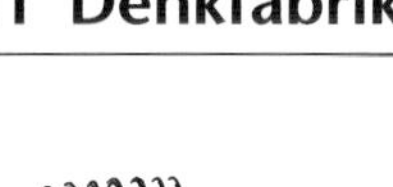

Moderationskarten, Stifte, Pinnwand

keine

Durchführung:

Der Lehrer erläutert zunächst die Idee der Denkfabrik:
Um die ethische Urteilsbildung zu fördern, muss das logische und selbstständige Denken trainiert werden. Dabei werden Argumente gesucht, begründet, kritisch bewertet und auf ihre Plausibilität und Umsetzbarkeit geprüft. Es ist wichtig, nur ethisch relevantes Fach- und Erfahrungswissen zu Rate zu ziehen.

Der Lehrer stellt den Schülern ein komplexes Problem vor. Es werden sodann mehrere Untergruppen gebildet, die als Denkfabriken arbeiten.

Deren Aufgabe ist es nicht, das Problem zu lösen, sondern nach Denkansätzen und -methoden zu suchen, die zur Lösung führen können. Dabei ist entscheidend, eine systematische Vorgehensweise zu entwickeln und durchzuspielen, z. B.:

1. Benennen des ethischen Problems
2. Zusammentragen der Fakten
3. Klärung von Begriffen
4. …

Die Ergebnisse werden im Plenum anschaulich präsentiert und diskutiert.

Weitere Hinweise:

Diese Übung will die Schüler vor allem zu einem systematischen Vorgehen anleiten und verlangt daher eine gewisse Grunddisziplin.

Variante:

Die erarbeiteten Methoden der Denkfabrik werden in einem Rollenspiel (z. B. Ethikrat) erprobt.

1.12 Ideenschmiede

90 Min. | Kl. 8–10

Moderationskarten, Stifte, Pinnwand, Stecknadeln

keine

Durchführung:

Bei der Ideenschmiede sollen das Wissen und die Erfahrungen der Schüler genutzt werden, um neue Ideen zur Lösung einer ethischen Problemstellung zu entwickeln.

Dazu wird die Problemfrage zunächst auf einer Pinnwand festgehalten (z. B. Sollten lebenserhaltende Maschinen bei einem Koma-Patienten abgeschaltet werden? Darf ich lügen, wenn ich dadurch die Zukunft eines Menschen rette?).

Die Schüler notieren ihre konkreten Ideen zur Problemlösung auf Karten. Der Lehrer sammelt diese ein, liest sie unkommentiert vor und heftet sie an die Tafel.

Es folgt eine kritische Bewertungsrunde, bei der die einzelnen Ideen diskutiert werden. Dabei wird die Sammlung der Ideen strukturiert.

Das fertige Ideenbild dient als Impuls für die weitere Beschäftigung mit dem Thema.

Weiterer Hinweis:

Es ist grundsätzlich erlaubt, alle Ideen zu notieren. Das können auch verrückte oder irrationale sein. Das macht die anschließende Diskussion kontroverser.

Variante:

Vor dem Brainstorming der Schüler wird bereits eine Struktur vorgegeben, der die Ideen zugeordnet werden können (z. B. Das ist möglich. / Hier gibt es noch viele Fragen zu klären. / Das ist unmöglich zu verwirklichen.).

1.13 Wortwolke

10 Min. Kl. 5–10

Software bzw. App zur Gestaltung der Wortwolke

Stellen Sie Computer mit Internetzugang bereit.

Durchführung:

Die Wortwolke oder TagCloud ist ein Instrument, mit dessen Hilfe ein Brainstorming anschaulich visualisiert werden kann. Wichtig ist hierbei nicht nur das schöne bunte Bild, das entsteht, sondern die Erkenntnis, die sich aus der Darstellung ergibt.

Die Wortwolke wird durch eine App oder eine Software erzeugt. Das Prinzip ist einfach: Es wird zunächst eine Wörterliste eingegeben. Die einzelnen Wörter werden – je nach Bedeutung und Häufigkeit – vom Programm bzw. der App formatiert und in verschiedenen Größen und Lagen angeordnet. Häufig genannte Begriffe werden also größer dargestellt als Begriffe, die seltener genannt werden.

Weiterer Hinweis:

Es gibt mittlerweile eine Vielzahl an Werkzeugen, mit deren Hilfe eine Wortwolke erzeugt werden kann:
http://www.wortwolken.com
http://www.tagxedo.com
https://wordart.com
https://www.mentimeter.com

Variante:

Die Schüler gestalten die Wortwolke ohne digitale Hilfe mit Stiften und Papier.

Konkretes Unterrichtsbeispiel:

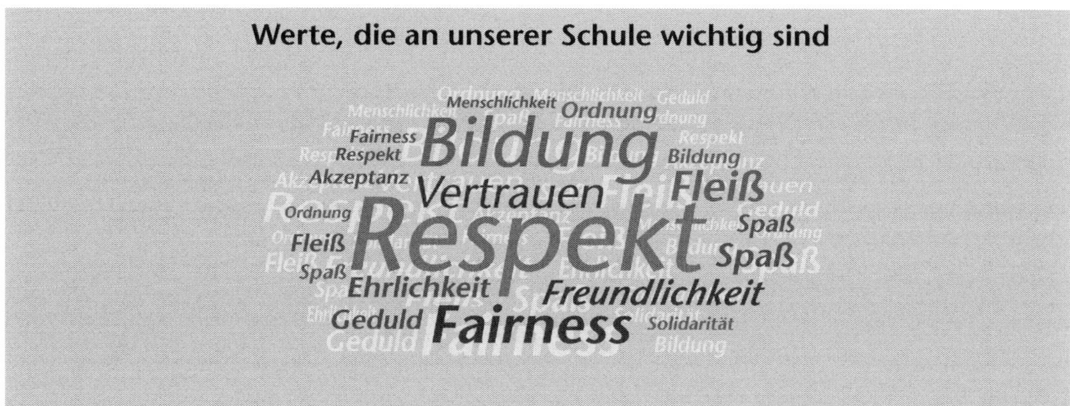

1.14 Selfie

20 Min. | Kl. 5–10

Arbeitsblatt, Karten, Stifte, Kleber

keine

Durchführung:

Viele Menschen lieben Selfies, diese fotografischen Selbstporträts, bei denen sie sich selbst in Szene setzen. Im Vordergrund stehen dabei aber Äußerlichkeiten. Sie sollen beeindrucken oder drücken gar aus, wie man sein möchte. Bei dieser Methode geht es darum, den Blick nach innen zu richten und das Innere nach außen zu kehren. Dazu formulieren die Schüler zunächst Fragen, deren Antworten dabei helfen sollen, sich selbst darzustellen. Jeder Schüler beschäftigt sich mit einer Frage, die ihm für seine Außendarstellung wichtig ist. Anschließend schreibt er die Antwort in einem Satz auf eine Karte. Diese klebt er sich an die Brust.
In lockerer Weise bewegen sich alle im Raum. Auf ein Zeichen hin bleiben sie stehen und präsentieren sich mithilfe der Karte ihrem Gegenüber. Es kann dabei ein kurzes Gespräch entstehen. Dann geht die Runde weiter.

Weiterer Hinweis:

Die Methode soll dabei helfen, den Blick genauer auf sich selbst zu richten und die Selbstdarstellung zu erweitern.

Variante 1:

Anstatt der schriftlichen Form kann auch ein kurzes Video auf dem Smartphone aufgenommen und anschließend in der Runde präsentiert werden.

Variante 2:

Die beschriebene Methode wird verbunden mit einem fachlichen Thema. Dies ist mit einer persönlichen Frage oder einem Satzanfang verknüpft (z. B.: Wie kann ich die Umwelt am besten schützen? Ich bin gegen aktive Sterbehilfe, weil mir …).

Konkrete Unterrichtsbeispiele:

- Was ist mir wirklich wichtig?
- Welche Überzeugungen sind mir wichtig?
- Was macht mich glücklich?
- Was habe ich zu verlieren?
- Welcher Mensch bedeutet mir am meisten?
- Wovor habe ich Angst?
- Wofür lebe ich?
- Liebe ich, was ich mache?
- Was ist mir peinlich?
- Welche Menschen hasse ich?
- Für wen würde ich mein Leben riskieren?
- Hättest du dich selbst gerne als Freund?
- Tue ich anderen Menschen gut?
- Wann habe ich das letzte Mal was riskiert?
- Wer bist du in deinen Träumen?
- Was kannst du besser als alle anderen Menschen?
- Warum bin ich so wie ich bin?

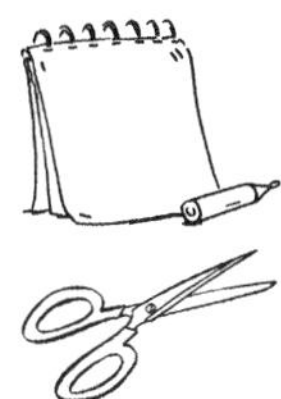

Klebeband, Stifte, Positionsblätter, Klebepunkte

Bringen Sie das Klebeband mit den Markierungen auf dem Boden an.

Durchführung:

Bei vielen Themen des Ethikunterrichts geht es darum, Position zu beziehen. Im Rahmen der Urteilsbildung kommt es dabei zu Veränderungen. Diese können mit der Methode „Einstellung" anschaulich gemacht werden.

- Am Anfang steht eine Problemfrage, bei der ich mich positionieren muss (z. B.: Sollte jeder Mensch jederzeit über sein Leben und seinen Tod entscheiden können?).
- Quer durch den Klassenraum wird mit Klebeband eine Linie gezogen. In gleichen Abständen stehen daneben die Sätze:
  - Ich bin total dagegen.
  - Ich bin unter bestimmten Umständen dafür.
  - Ich habe keine eindeutige Meinung dazu.
  - Ich bin eher dafür.
  - Ich bin uneingeschränkt dafür.
- Die Schüler können nun Stellung beziehen, indem sie sich auf der Linie positionieren.
- Von der Stellungnahme wird ein Foto gemacht und die Anzahl der Schüler wird auf dem Klebeband notiert.
- Im Laufe der Unterrichtsreihe und am Schluss werden neue Abfragen durchgeführt. Bei der Schlussreflexion wird es interessant, wenn die einzelnen Fotos nochmals betrachtet werden und die Schüler die Änderungen hinsichtlich ihrer Einstellung verdeutlichen.

Weiterer Hinweis:

Es kann auch mit Klebepunkten gearbeitet werden.

Variante 1:

Die Vertreter einer bestimmten Position, die nahe beieinander stehen, diskutieren ihren Standpunkt.

Variante 2:

Die Einstellungen werden verdeutlicht, indem sich die Schüler in die vier Ecken des Raumes verteilen. Schüler, die keine Position beziehen können, stellen sich in die Raummitte.

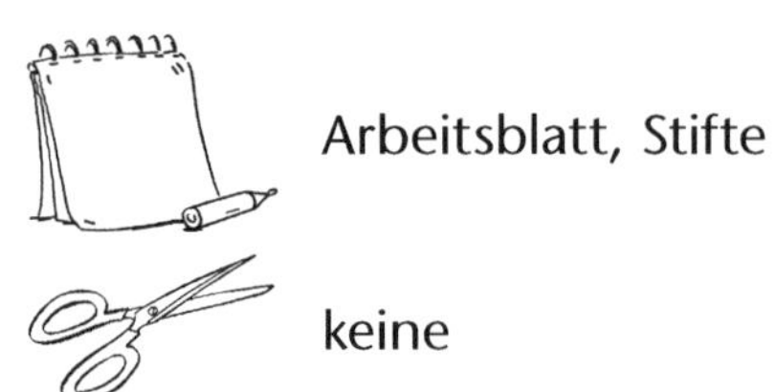

Arbeitsblatt, Stifte

keine

Durchführung:

Die Ausgangsfrage lautet: Was ist mir besonders wichtig in meinem Leben, um glücklich oder zufrieden zu sein? Welche Werte unterstützen mich dabei?
Jeder Schüler erhält zunächst ein Arbeitsblatt mit 20 Werten.
Mit diesen Werten im Gepäck geht er auf eine Wanderung.
Die erste Station ist ein Berg. Der Anstieg wird anstrengend. Daher muss das Gepäck erleichtert werden. Von den 20 Werten bleiben zehn übrig, die in einer persönlichen „Hitparade der Werte“ aufgeschrieben werden.
Die zweite Station ist ein See, der überquert werden muss. In die Ruderboote passen nur jeweils zwei Personen, die sich auf zehn Werte einigen müssen. Jeder Passagier streicht also weitere fünf Werte.
Auf dem See kommt es zu einem Sturm und die Hälfte der Boote geht unter. Die Passagiere werden von anderen Booten aufgenommen. Vier Personen pro Boot müssen nun wieder Ballast abwerfen und es bleiben zwölf Werte übrig. Jeder nimmt also seine wichtigsten drei Werte mit.
Doch der Sturm lässt nicht nach, sodass alle Boote kentern und ein Floß gebaut werden muss. Darauf passen nur noch acht Werte. Jeder bringt also einen eigenen Wert mit.
Die gesamte Gruppe einigt sich am Schluss auf zehn Werte, die auf einem Plakat notiert werden.
Gemeinsam wird schließlich eine Rangfolge diskutiert und festgelegt.
In der abschließenden Diskussion kann jeder Schüler die Schlussliste mit seiner ursprünglichen Werteliste vergleichen.

Wichtig: Keiner hat seine eigenen Werte verloren, sie aber reflektiert und in der Gruppe durch notwendige Kompromisse verändert.

Weiterer Hinweis:

Bei diesem Spiel sollte deutlich werden, dass ein Wertewandel angesichts der jeweiligen Situation notwendig ist. Dabei verändern sich auch die persönlichen Schwerpunkte. Die eigenen Werte sollten aber immer im Bewusstsein bleiben.

Variante:

Jeder Schüler erhält die Werteliste und hat 100 Euro zur Verfügung, die er auf die einzelnen Werte verteilen kann. Auf welche Werte wird am meisten geboten?

Familie	Geld	Glaube	Gesundheit
Freundschaft	Schönheit	Frieden	Ehrlichkeit
Gerechtigkeit	Treue	Achtsamkeit	Toleranz
Respekt	Liebe	Erfolg	Dankbarkeit
Bildung	Bescheidenheit	Fairness	Reichtum

Informationstexte, Erzählkarten (z. B. Notizzettel)

keine

Durchführung:

Bei dieser Methode, die sich über mehrere Unterrichtsstunden erstreckt, werden Information und Unterhaltung miteinander verknüpft. Themen werden interaktiv und kreativ inszeniert.

1. Gruppenbildung
Es werden Themen festgelegt, zu denen sich Arbeitsgruppen bilden.

2. Inhaltliche Vertiefung
Im Mittelpunkt dieser Phase steht die Recherchearbeit. Die Schüler sammeln Informationen zum Thema und werden zu Experten für ihr jeweiliges Themengebiet.

3. Präsentation und Kolloquium
Im Rahmen eines Kolloquiums präsentieren die einzelnen Themengruppen Ihre wesentlichen Erkenntnisse der Auseinandersetzung mit dem Thema. Sie stellen sich dabei einem Kolloquium, das vom Lehrer und jeweils einem Vertreter der anderen Gruppen durchgeführt wird (je Gruppe ca. 20 Minuten).

4. Informationsverarbeitung / Ideenschmiede
Die Gruppen nehmen die Informationen kritisch in den Blick und finden Ideen, wie sie ihre Erkenntnisse kreativ präsentieren können.

5. Präsentation
Die Ergebnisse der Arbeit werden vor einem ausgewählten Publikum präsentiert. Daran kann sich ein Gespräch mit dem Publikum anschließen.

6. Erfahrungsbericht
In einem Erfahrungsbericht formuliert jeder Schüler die wichtigsten inhaltlichen Aspekte seines Themas und reflektiert die Phasen der kreativen Projektarbeit.

Methoden für die Themenshow:

Comedy, Musik, Improvisationstheater, Wortspielereien, Pantomime, Vortrag, Dialog, Multimedia, Film, Tanz, Entertainment, Gedichte, Lieder, Prosatexte, Parodien, Satire, PowerPoint-Präsentation, Kurzfilm, …

Die Teams:
Die **Themen-Teams** arbeiten in Form der oben vorgegebenen Phasen.

Aus den vorhandenen Themengruppen werden im Laufe der Arbeit zur Vorbereitung der Themenshow weitere zwei Teams gebildet: das **Regie-Team** und das **Technik-Team**.

Das **Regie-Team** koordiniert die Arbeit der einzelnen Gruppen und entwirft das Programm für die abschließende Themenshow. Es bereitet sich zusammen mit dem Moderator auf die Show vor. Sie werden von den einzelnen Themengruppen über deren Vorhaben informiert.
Die Moderationstexte werden Schritt für Schritt formuliert.

Das **Technik-Team** (Requisiten, Musik, Maske, Technik etc.) kümmert sich um die Rahmenbedingungen, die besonders bei der Aufführung der Themenshow von Bedeutung sind.

Variante:

Die multimediale Show kann in einer abgespeckten Form geplant und durchgeführt werden, wenn der Aufwand zu groß erscheint.

Café-Tische mit Papiertischtüchern und vier bis fünf Stühlen etc., relevante Fragestellungen für die Tische, bunte Stifte, Büfett mit Speisen und Getränken

Es bedarf bei dieser Methode einer guten Planung und einiger Vorbereitungszeit. Arbeitstische mit Papiertischtüchern und Stiften werden bereitgestellt und das Büfett wird vorbereitet. Dazu bringen die Schüler nach einem vorher aufgestellten Plan Speisen und Getränke mit (Säfte, Kaffee, Obst, Brötchen, Käse, Wurst etc.). Optional läuft im Hintergrund leise Musik.

Durchführung:

In einem World-Café sollen die Schüler in ungezwungener Weise miteinander ins Gespräch kommen. Dazu stellt die Kaffeehaus-Atmosphäre eine hilfreiche Lernumgebung dar. Neben den Arbeitstischen bietet ein Büfett die Möglichkeit, sich ein Getränk oder eine Speise zu nehmen und am Arbeitstisch zu verzehren.

- Die Schüler verteilen sich an den bereitgestellten Tischen. Etwa 20 Minuten beschäftigen sie sich dort mit der vorbereiteten Fragestellung des Tisches. Dabei beachten sie die **Café Etikette**, die für alle sichtbar ausliegt.
- Sie schreiben ihre Fragen und Positionen mit den Stiften auf das Tischtuch. Daneben wird über die verschiedenen Meinungen diskutiert. In einer Abschlussrunde werden drei Kernaussagen notiert.
- Beim Wechsel bilden sich neue Tischgruppen mit neuen Fragestellungen. Nur ein Teilnehmer der ersten Gruppe bleibt als **Gastgeber** am Tisch und führt die neue Tischgruppe in das Thema und den bisherigen Verlauf ein (s. Aufgaben des Gastgebers).
- Sind alle Tische von den Schülern durchlaufen, werden die Tischdecken zur gemeinsamen Betrachtung und Reflexion genutzt. Dabei ergeben sich wichtige Fragestellungen und Hinweise für die Weiterarbeit am Thema.

Weiterer Hinweis:

Der Lehrer führt in den Verlauf der Methode ein und verdeutlicht dies mithilfe der Café Etikette.

Variante:

Die Methode kann in einer abgespeckten Version ohne Büfett und Tischdecken durchgeführt werden. Auf den Arbeitstischen liegen dann Blätter für Notizen aus.

Café Etikette

- Jeder ist in jeder Gruppe willkommen und kann seine Gedanken und Sichtweisen frei und offen aussprechen.
- Legen Sie den Fokus auf das, was wichtig ist.
- Arbeiten Sie sich in die Methode ein und entwickeln Sie diese weiter.
- Seien Sie offen und neugierig bei der Entdeckung anderer Ansichten und Ideen.
- Sprechen und hören Sie mit Herz und Verstand.
- Hören Sie genau hin, um wirklich zu verstehen.
- Vernetzen Sie Ideen.
- Seien Sie aufmerksam für die Entdeckung neuer Erkenntnisse und tiefergehender Fragen.
- Schreiben, kritzeln und malen Sie auf die Tischdecke – je bunter, umso besser.
- Haben Sie Spaß dabei!!!

Aufgaben des Gastgebers

- Bleiben Sie an Ihrem Tisch, wenn die anderen gehen.
- Begrüßen Sie die neuen Gäste und stellen Sie kurz die Methode vor.
- Beschreiben Sie die wichtigsten Erkenntnisse der letzten Gesprächsgruppe.
- Stellen Sie die Fragen vor und ermutigen Sie die Gäste zur kreativen Mitarbeit.
- Regen Sie die Teilnehmer an, ihre Ideen, Fragen und Gedanken auf der Tischdecke zu notieren.
- Formulieren Sie am Ende der Runde drei Kernaussagen auf den bereitliegenden Karten.
- Wählen Sie mit Ihren Gästen für die neue Gesprächsrunde einen neuen Gastgeber.
- Machen Sie die Teilnehmer darauf aufmerksam, wenn es an der Zeit ist, sich an einen neuen Tisch zu begeben.

Camcorder, Smartphone oder Digitalkamera, Notebook, Stativ, Mikrofon, Speicherkarte, Speicherkartenadapter, USB-Stick, Scheren, schwarze Stifte (unterschiedliche Stärken), weiße Hintergrundfläche, Cliparts

Bereiten Sie den Aufnahmetisch mit einem weißen Hintergrund vor. Positionieren Sie das Aufnahmegerät auf einem Stativ so, dass nur die weiße Fläche auf dem Monitor zu sehen ist.

Durchführung:

Durch das Drehen eines Erklärvideos sollen komplexe Sachverhalte in nur wenigen Minuten verständlich und anschaulich dargestellt werden. Und das nur mithilfe von Papierzeichnungen, zwei Händen und einem gut komponierten Zusammenspiel von Text, Bild und Ton.

1. Textkonzept
Ein Sachverhalt oder eine Fragestellung (z. B.: Was ist Gerechtigkeit?) wird zunächst thematisch erarbeitet. Das Ergebnis wird in einer verständlichen Formulierung aufgeschrieben.

2. Visualisierung des Textes in einem Storyboard
Der Text wird durch eigene Zeichnungen oder vorgefertigte Cliparts aus dem Internet visualisiert. Dabei wird die Kombination von Text und Bildern mithilfe der Hände eingeübt. Der Text wird parallel dazu gesprochen.

3. Video-Produktion
Der fertige Ablauf wird nun mit einer Kamera aufgenommen. Dabei kann der Text mithilfe eines Mikrofons eingesprochen werden. Eine nachträgliche Vertonung ist ebenfalls möglich.

Weitere Hinweise:

Bei der Erstellung der Erklärvideos ist ein gewisses technisches Know-how notwendig. Der Lehrer sollte darauf achten, dass hier manche Schüler die Experten sind.

Konkrete Beispiele, die den Schülern als Vorlagen dienen können, finden sich im Internet, z. B. auf YouTube.

Variante:

Ein Text wird mithilfe eines Erklärvideos veranschaulicht. Dabei können sich ganz neue Zugänge zu den Inhalten ergeben.

Pinnwände, Plakate, Scheren, Stifte, Musik, Videos, Internetzugang, Skulpturen, Informationstafeln, Ausstellungsraum, Bildcollagen, u. a.

Ein wichtiger Bestandteil für die Dramaturgie einer Ausstellung ist die Vielfalt der Medien, die möglichst viele Sinne ansprechen sollen. Die Schüler wählen diese bei der Konzeption aus.

Durchführung:

Die Schüler konzipieren eine Ausstellung zu einer ethischen Thematik. Dabei gehen sie folgende Schritte:

1. Schritt: Welche Zielsetzung und Intention soll die Ausstellung haben (Provokation, Information, Gesprächsanreger, usw.)? Welche Themenbereiche sollen in der Ausstellung angesprochen werden?

2. Schritt: Es bildet sich eine Gruppe, die das Ausstellungsmanagement darstellt. Deren Aufgabe ist es, die Arbeit der Gruppen zu koordinieren und zu vernetzen. Sie planen auch die konkrete Umsetzung.

3. Schritt: Es bilden sich außerdem Themengruppen, die sich in der ersten Phase einen inhaltlichen Schwerpunkt setzen und sich mit diesem beschäftigen. Die Ergebnisse werden im Plenum ausgetauscht.

4. Schritt: Die Themengruppen suchen nach kreativen Möglichkeiten, die Inhalte für die Besucher der Ausstellung erfahrbar zu machen. Dabei können alle Sinne angesprochen und unterschiedliche Medien genutzt werden.

5. Schritt: Die Ausstellung wird aufgebaut und bei einer Eröffnungsveranstaltung (Vernissage) der Schulgemeinschaft vorgestellt. Besuche durch andere Klassen werden durch Scouts betreut. Falls Gruppen von außerhalb die Ausstellung besuchen sollen, erfolgt eine Information über die örtliche Presse.

Weitere Hinweise:

Ausstellungen sind für junge Menschen oft langweilig und mühsam. Um die Zuschauer neugierig zu machen und Interesse zu wecken, sollte die Ausstellung spannend und abwechslungsreich inszeniert werden. Dabei sind vor allem multimediale Elemente hilfreich.
Die Schüler sollten nach Möglichkeit eigene Gedanken und Thesen einfließen lassen.
Eine Broschüre kann die Ausstellung erläutern.

Variante:

Mit der Ausstellung wird ein Wettbewerb verknüpft, der sich auf die Inhalte bezieht.

Spielgeld

Bereiten Sie Tische mit vier bis fünf Stühlen vor.

Durchführung:

- Jede Gruppe bestimmt einen Spielleiter, der die Kasse verwaltet.
- Als Startbetrag erhält jeder Spieler 10 Euro Spielgeld vom Spielleiter.
- Nun nimmt sich jeder Spieler ein Blatt Papier, unter welches er während des Spielverlaufs das Geld legen kann.
- Jeder Spieler kann entscheiden, wie viel er davon in die Gemeinschaftskasse geben will: alles, einen Teilbetrag oder nichts. Diesen Betrag legt er dann verdeckt unter das Papier.
- Die Beträge der Spieler werden vom Spielleiter aufgedeckt, damit jeder sehen kann, was die anderen eingezahlt haben. Dann sammelt er das Geld ein.
- Der Spielleiter verdoppelt den Spielbetrag und verteilt ihn zu gleichen Teilen an alle Spieler. Dieser Betrag ist unabhängig davon, wie viel der einzelne Spieler eingezahlt hat. Bei einer ungeraden Zahl wird der Betrag abgerundet.
- Der Rest bleibt für die nächste Runde in der Kasse.
- Dieser Spielablauf wird noch dreimal wiederholt.
- In einer Reflexionsphase (Beobachtungsbogen) überprüfen die Schüler ihr eigenes Spielverhalten und begründen ihr Handeln und Urteilen.

Weitere Hinweise:

Im weiteren Sinne geht es bei diesem Spiel um Gerechtigkeit. Es wird deutlich, dass eine Gemeinschaft nur funktionieren kann, wenn sich jeder den anderen gegenüber gerecht und fair verhält.

Die Verlockung ist groß, den eigenen Einsatz möglichst gering zu halten, um dann den Gewinn zu erhöhen.

Variante 1:

Weiterführende Fragestellung: Überlege dir, welche Erkenntnisse du aus diesem Spiel für dein eigenes Leben mitnehmen kannst.

Variante 2:

An der Tafel werden zu Beginn die unterschiedlichen Spielstrategien aufgelistet.

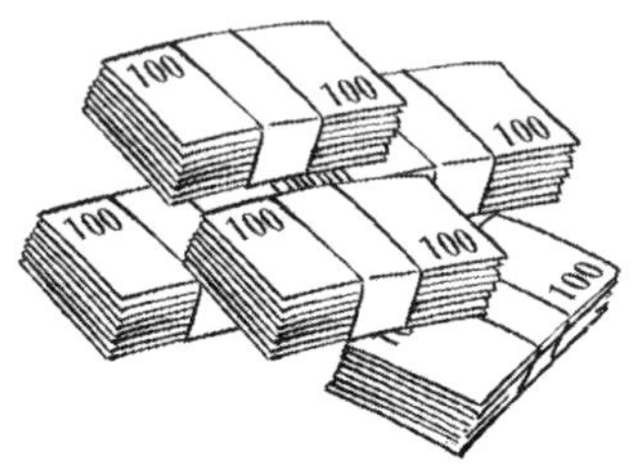

Beobachtungsbogen

Strategie	Auswirkungen auf das Spiel	Bewertung / Beurteilung
A) Wenig einzahlen, um von den anderen zu profitieren.		
B) Am Anfang viel einzahlen und sich dann an den anderen orientieren.		
C) Viel einzahlen, unabhängig davon, was die anderen tun.		
D) Zuerst wenig einzahlen, dann immer mehr, um den Gewinn zu erhöhen.		

unterschiedliche Medien, die für das Fach Ethik relevant sind

Legen Sie den Wissenspool in einem Schrank, einem Regal oder einer Kiste an. Er sollte für alle Beteiligten immer zugänglich sein.

Durchführung:

Die Schüler legen eine offene lernbegleitende Material- und Mediensammlung an, die als Wissenspool vor allem das selbstständige Erarbeiten von Wissen fördern will. Auch die Lern- und Methodenkompetenz wird hierbei trainiert.
Das Anlegen eines Wissenspools ist eine aktivierende Methode des Selbstorganisierten Lernens, das immer wieder neu und anders mit Material gefüllt wird.
Dazu zählen:
Basiswissen (Lexikonbeiträge, Ratgeber, Nachschlagewerke), Expertenwissen (Fachbücher, Fachartikel), Multimedia (Filme, Podcasts, Songs), Lernsoftware oder -apps, Internetquellen (Linkverzeichnis), Arbeits- und Übungsaufgaben, Fallbeispiele, aktuelle Berichte, …
Auch selbst erarbeitete Texte oder Medien können hier gesammelt werden.

Weitere Hinweise:

Die Schüler werden dazu angeregt, eine Wissensdatenbank mit ethischen Themen anzulegen.
Diese Sammlung kann im Laufe des Unterrichts immer wieder als Lernquelle dienen und neue anregende Medien und Inhalte vermitteln.

Variante 1:

Die Schüler legen eine Online-Datenbank (**Cloud**) an, auf die alle Schüler jederzeit zugreifen können.

Variante 2:

Die Schüler legen persönliche **Lerntagebücher** (Mappe, Kladde) an, in denen sie ihren Lernfortschritt dokumentieren. Zudem dienen sie auch der persönlichen Reflexion, um so Werte, Normen und eigene Lebenserfahrungen miteinander zu verknüpfen. Die Lerntagebücher beinhalten Reflexions- und Arbeitsblätter, die mit konkreten Lernsituationen verknüpft sind. Fachliche, methodische, soziale und personale Kompetenzen werden hier dokumentiert. Auch offene Fragestellungen finden ihren Niederschlag. Gemeinsam wird vor dem Anlegen der Tagebücher überlegt, wie diese am Ende der Lerneinheit genutzt werden.

zwei Stuhlkreise

Stellen Sie die Stuhlkreise in aller Ruhe mit den Schülern gemeinsam auf. Dies kann zu einem aktivierenden Ritual werden.

Durchführung:

Zunächst wird das zu besprechende Thema festgelegt, bevor zwei Stuhlkreise, ein Außen- und ein Innenkreis, gebildet werden. Die Schüler im Innenkreis diskutieren über das Thema. Die Schüler im Außenkreis hören zu und verfolgen still die Gespräche. Sie machen sich Notizen zur Argumentation und dem Gesprächsverhalten. Das Gespräch ist entweder nach einer festgelegten Zeit beendet oder wenn ein gemeinsamer Konsens erreicht ist.
In einem abschließenden Klassengespräch werden die Ergebnisse reflektiert, evtl. systematisch strukturiert und die Beobachter bringen ihre Erkenntnisse ein.

Weitere Hinweise:
Die Methode mit ihren unterschiedlichen Varianten ist hilfreich, um eine Diskussion geordnet durchzuführen.
Sie ermöglicht, dass eine Vielzahl an Schülern sich am Gespräch beteiligen kann.

Variante 1:
Der Innenkreis ist für die Schüler im Außenkreis nach einer Anfangsphase (ca. 5 Minuten) geöffnet. Dabei bleibt ein Stuhl im Innenkreis unbesetzt. Wenn ein Schüler des Außenkreises an dem Gespräch teilnehmen will, setzt er sich auf den freien Stuhl. Wenn er seine Meinung geäußert hat, kehrt er zurück in den Außenkreis.

Variante 2:
Auch hier ist der Innenkreis geöffnet. Sobald ein Schüler aus dem Außenkreis an dem Gespräch im Innenkreis teilnimmt, muss ein anderer Gesprächsteilnehmer den Innenkreis freiwillig verlassen.

Variante 3:
Ein Gesprächsteilnehmer aus dem Innenkreis geht zum Außenkreis und wählt einen Mitschüler aus, der sich dann in die Runde setzt und am Gespräch teilnimmt.
Oder ein Schüler aus dem Außenkreis geht zum Gesprächskreis und wählt einen Schüler aus, dessen Platz er einnimmt.

Variante 4:
Der Innenkreis ist für die Schüler im Außenkreis erst nach einer Anfangsphase (ca. 5 Minuten) geöffnet.

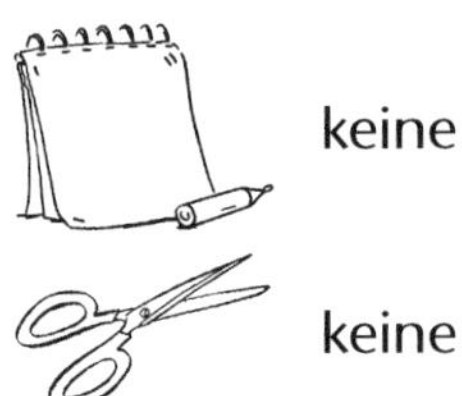

keine

keine

Durchführung:

Ein Thema, bei dem ein Problem im Mittelpunkt steht, soll von unterschiedlichen Seiten beleuchtet und gelöst werden.

Dazu werden vier Gruppen gebildet. Drei Gruppen erfinden und proben eine kurze Spielhandlung (ca. 2–3 Minuten) zum vorgegebenen Thema.

Eine vierte Gruppe bereitet die Reflexion vor und formuliert Beobachtungsaufgaben für das Publikum.

Nach dieser Vorbereitungsphase wird die erste Spielhandlung in der Mitte eines Stuhlkreises präsentiert. Anschließend wird die Szene ein zweites Mal gespielt. Dabei hat das Publikum die Möglichkeit, in die Handlung einzugreifen. Bei diesem Durchgang besetzt ein Zuschauer die Rolle eines Spielers. So nimmt die Handlung einen ganz neuen Verlauf. Nacheinander werden alle Spielhandlungen in dieser Form präsentiert.

In einer Reflexionsphase stehen der Verlauf der Spielhandlung und der Umgang mit dem Konflikt im Mittelpunkt. Dabei fließen die Ergebnisse der Beobachtungen des Publikums in das Gespräch ein.

Weiterer Hinweis:

Um die Szenen ungestört üben zu können, braucht jede Gruppe einen eigenen Raum.

Variante:

Es wird eine gemeinsame Spielhandlung für alle Gruppen geplant. Die Problemlösung bleibt offen. Die Gruppen erfinden mögliche Lösungs-Szenarien.

2.10 Digitaler Werkzeugkasten

Computer, Smartphone, Internetzugang

keine

Durchführung:

Die Schüler nutzen digitale Werkzeuge, um sich mit den anderen Lernenden zu vernetzen, Daten auszutauschen und zu kommunizieren. Der Vorteil liegt darin, dass die Tools frei zugänglich sind und das Arbeiten in geschlossenen Gruppen möglich wird. Außerdem wird das selbstorganisierte Lernen gefördert.

Die Schüler erstellen eine Liste mit digitalen Werkzeugen, die sie im Ethikunterricht nutzen wollen. Dazu werden Gruppen gebildet, die sich mit den Vor- und Nachteilen, den Schwächen und Stärken der einzelnen Tools auseinandersetzen.

An einem Beispiel wird die Handhabung präsentiert. Gemeinsam wird entschieden, mit welchem digitalen Werkzeug gearbeitet wird.

Weiterer Hinweis:

Dieses Vorgehen nimmt neben der methodischen Auseinandersetzung auch die Medienkompetenz in den Blick. Vor der Nutzung der Medien wird ausführlich auf die möglichen Gefahren und Missbrauchsmöglichkeiten, aber auch auf die Chancen hingewiesen.

Variante:

Die Schüler besuchen eine Medienstelle und lassen sich von den Experten vor Ort die Vielfalt der Medien und deren Nutzungsmöglichkeiten erläutern.

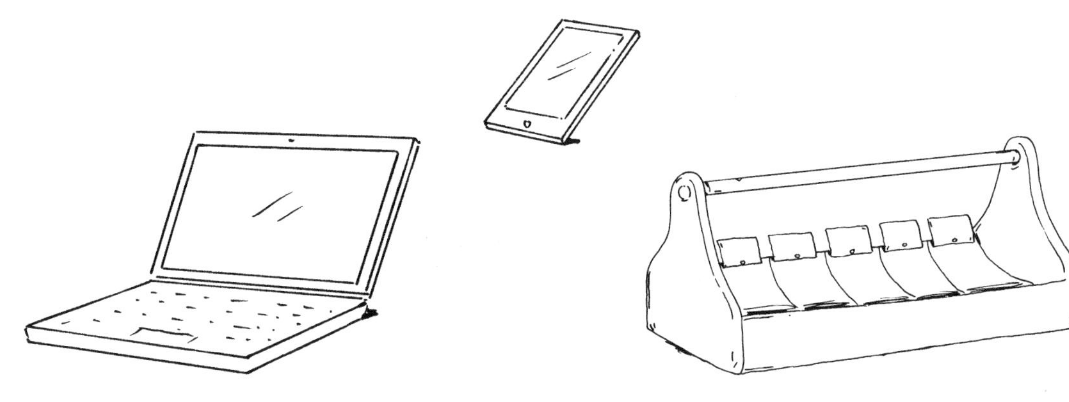

Konkretes Unterrichtsbeispiel:

Werkzeug	Beschreibung	Chancen	Gefahren
Mastodon	Veröffentlichung von Kurznachrichten		
Facebook	Soziales Netzwerk		
WhatsApp	App zum Austauschen von Nachrichten		
Skype	Kommunikationstool zum Telefonieren, Chatten und für Videokonferenzen		
Doodle	Tool für Terminabsprachen und Abstimmungen		
Wiki	Internetplattform, auf der sachliche und persönliche Themen und Erfahrungen präsentiert werden		
Blog	Virtuelles Tagebuch, um persönliche Erfahrungen darzustellen und Informationen auszutauschen		
TikTok			
Kahoot!			
Instagram			

Fallbeispiele

Legen Sie eine Fallbeispiel-Datenbank an.

Durchführung:

Für die Entwicklung der ethischen Urteilsfähigkeit ist es motivierend und hilfreich, die Schüler mit Problemstellungen aus konkreten Lebenssituationen zu konfrontieren. So üben sie, ethische Sachverhalte einzuordnen, zu bewerten und eigene Bewertungsmaßstäbe zu entwickeln. Durch eine systematische Herangehensweise lernen sie unterschiedliche Positionen und Lösungsstrategien kennen, um sich so ein eigenes Urteil bilden zu können.

- **Konfrontation** mit dem Fall und der Problemlage im Plenum. Die Schüler arbeiten das Problem heraus und formulieren es in Form einer Frage.
- Die Schüler suchen in Kleingruppen nach **Informationen** zum Problem und werten diese aus.
- Es werden verschiedene **Lösungswege** erarbeitet und verglichen, diskutiert und bewertet (Vor- und Nachteile, Konsequenzen).
- Die Schüler entscheiden sich für eine Problemlösung und begründen diese.
- Im Plenum werden die Lösungsansätze vorgestellt und gemeinsam diskutiert. Dabei werden auch neue Aspekte einfließen.
- Die gefundene Lösung wird mit der realen Problemlösung verglichen.

Weiterer Hinweis:

Zeitungen und Zeitschriften enthalten täglich aktuelle Beispiele, die für den Ethikunterricht relevant sind. Im Laufe der Zeit entwickeln die Schüler einen Blick für diese Quellen und können den Fallfundus der Ethikklasse nach und nach füllen.

Variante:

Die Schüler analysieren unterschiedliche Fälle zur selben Problematik.

Konkrete Unterrichtsbeispiele:

Ethisch korrektes Verhalten – ja oder nein?

- **Fallbeispiel 1:**
  Petra arbeitet in einem Supermarkt, in dem nach Feierabend viele Lebensmittel im Müll landen. Sie füllt sich ab und zu ihre Taschen mit Brot, Joghurt und Obst.
- **Fallbeispiel 2:**
  In seiner Klasse ist Kaspar das Opfer. Ständig erhält er von seinen Mitschülern Prügel. Manche bedrohen ihn und verlangen Geld von ihm. Die Mehrzahl der Mitschüler duldet das Verhalten.

Papier, Stifte, Internetzugang

keine

Durchführung:

Um neben der Fachinformation ein Meinungsbild zu erheben, erstellen die Schüler eine Umfrage und werten diese aus.

- Auswahl der Methode
  - Bei einer **Totalerhebung** wird eine überschaubare Personengruppe befragt (z. B. alle Schüler einer Klassenstufe).
  - Bei einer **repräsentativen Umfrage** (Stichprobe) werden im kleinen Rahmen (z. B. Schulgemeinschaft) nach vorgegebenen Kriterien bestimmte Personen mit bestimmten Merkmalen befragt oder es wird nach Kriterien (Alter, Geschlecht) eine bestimmte Teilmenge ausgewählt. Ein detailliert ausgearbeiteter Fragebogen dient zur Datenerhebung.
  - Verschiedene Personen werden **mündlich** zu einem Thema befragt. Die Antworten werden schriftlich dokumentiert bzw. per Audio oder Video aufgezeichnet.
  - **Ausgewählte Menschen** werden interviewt.
- Entwurf eines Fragebogens
- Durchführung der Umfrage
- Auswertung und Präsentation

Weitere Hinweise:

Eine Umfrage muss sehr gut vorbereitet sein (z. B. der Entwurf des Fragebogens). Hier ist auf die Art der Fragen (z. B. offen oder geschlossen) und die Formulierungen zu achten. Die Fragen sollten knapp und verständlich formuliert sein, der Fragebogen sollte nicht zu umfangreich sein. Das Internet bietet hierzu zahlreiche Informationsseiten.

Auch die Auswertung bedarf einiger Kenntnisse, die sich die Schüler aneignen müssen. Hier ist auch eine interdisziplinäre Zusammenarbeit (z. B. mit dem Informatiklehrer) sinnvoll.

Variante:

Es werden interaktive Möglichkeiten der Befragung genutzt (z. B. www.grafstat.de, https://www.surveymonkey.com).

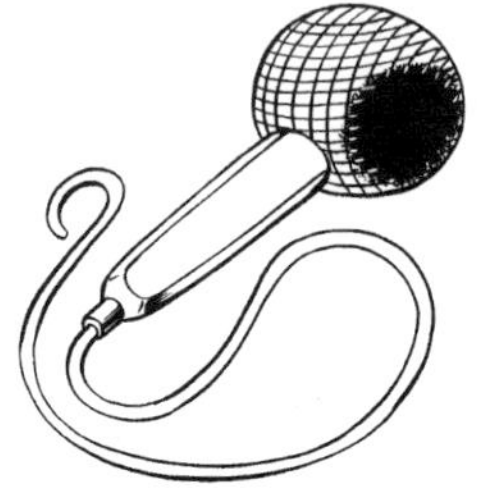

Konkretes Unterrichtsbeispiel:

Umfrage zum Thema Lebenskrisen

männlich: ❑ weiblich: ❑ Alter: ________

Angestrebter Schulabschluss:

- ❑ Hauptschulabschluss
- ❑ Mittlere Reife
- ❑ Fachhochschule
- ❑ Abitur

Wohnsituation:

- ❑ Alleine
- ❑ Familie
- ❑ WG
- ❑ Partner
- ❑ Jugendhilfeeinrichtung
- ❑ Wohnungssuche
- ❑ ________________

Welche Probleme / Krisen belasten dich momentan?

- ❑ Probleme mit den Eltern
- ❑ Probleme mit Geschwister
- ❑ Probleme mit Freunden / Freundinnen
- ❑ Probleme mit Partner / -in
- ❑ Liebeskummer
- ❑ Suchtprobleme
- ❑ Schulische Probleme
- ❑ Mobbing
- ❑ Missbrauch
- ❑ Gewalt
- ❑ Krankheit
- ❑ Geldsorgen
- ❑ Einsamkeit
- ❑ Trennung der Eltern
- ❑ Zukunftsangst
- ❑ Berufswahl
- ❑ Figur
- ❑ ________________

Was brauchst du in Krisensituationen am meisten?

- ❑ Jemanden, der mir zuhört
- ❑ Meine Ruhe
- ❑ Körperlichen Ausgleich
- ❑ Ablenkung
- ❑ Suchtmittel
- ❑ Gesprächspartner
- ❑ Geborgenheit
- ❑ Glauben
- ❑ Tagebuch
- ❑ ________________

Wer kann dir in Krisensituationen helfen?

- ❑ Vater
- ❑ Mutter
- ❑ Geschwister
- ❑ Großeltern
- ❑ Freunde
- ❑ Partner / Partnerin
- ❑ Haustier
- ❑ Pfarrer
- ❑ Telefonseelsorge
- ❑ Psychologe
- ❑ Niemand
- ❑ Ich mir selbst
- ❑ Erzieher
- ❑ Lehrer
- ❑ ________________

Internetzugang, Printmedien

Stellen Sie Computer mit Internetzugang bereit.

Durchführung:

Zukunftsforscher sind Menschen, die den Blick nach vorne richten. Sie haben Visionen, Träume und Wünsche. Aber auch Gefahren und Ängste nehmen sie in den Blick.
Bei dieser Methode richtet sich der Blick der Schüler in die Zukunft: die persönliche, gesellschaftliche, wirtschaftliche, ökologische, technische, medizinische und politische Zukunft.
Als Zukunftsforscher lassen sich die Schüler auf ein spannendes Projekt ein und betrachten einen Aspekt eines Themas (z. B. Gesundheit, Beruf, Familie, Lebenserwartung, Gentechnik, Biomedizin, Klimawandel) aus unterschiedlichen Blickwinkeln:

- **1. Schritt:** Welche aktuellen Trends spielen auch für die Zukunft eine wichtige Rolle?
- **2. Schritt:** Welche schlimmste anzunehmende Situation („worst case") könnte in der Zukunft entstehen? (Katastrophensimulation)
- **3. Schritt:** Wie könnte eine wünschenswerte und optimale Entwicklung bei diesem Thema aussehen?

Die Schüler bilden Kleingruppen, in denen sie Informationen und Ideen im Bezug auf die Zukunft sammeln und diskutieren. Dabei gehen sie anhand eines Themas die drei oben vorgeschlagenen Schritte.
Im Plenum werden die Trends, Wünsche und Ängste vorgestellt und nochmals diskutiert.

Weitere Hinweise:

Ausgehend von einem aktuellen Trend und einem Sachverhalt beschäftigen sich die Schüler mit unterschiedlichen Einflussfaktoren, um so mögliche Zukunftsbilder zu entwickeln. Die entstehenden Zukunftsszenarien sollen dabei helfen, die Probleme der Gegenwart genauer in den Blick zu nehmen und nach Lösungen zu suchen.

Variante 1:

Wie werden die Menschen in der Zukunft leben? Was bestimmt ihr Leben und was wird ihnen wichtig sein? Welche drei wichtigen Werte würdest du deinen Kindern mit auf den Weg geben, damit sie ihr zukünftiges Leben gut und glücklich gestalten können? Begründe deine Wahl.

Variante 2:

Du bist auf dem Weg in eine ungewisse Zukunft. Fünf Dinge kannst du mitnehmen, die deiner Meinung nach zum Überleben wichtig sind. Es können ganz praktische Gegenstände sein (Auto, Stereoanlage, Buch, Computer). Aber auch Gefühle (Mut, Selbstbewusstsein) kannst du in deinen Rucksack packen. Schreibe die einzelnen Dinge auf und stelle sie in einer Kleingruppe den anderen vor. An der Tafel wird danach eine Prioritätenliste erstellt.

Konkretes Unterrichtsbeispiel:

Thema: Die Zukunft unserer Erde

1. Die Menschen werden zwar ständig auf die Zusammenhänge globaler Umweltprobleme hingewiesen. Auf das gelegentliche medial erzeugte Erschrecken folgen aber keine Taten.
2. Globale Umweltkatastrophen werden die Erde und die Menschen vernichten.
3. Es entwickelt sich ein weltweites ökologisches Bewusstsein. Die Menschheit wird vernünftig angesichts der Umweltsituation und führt entsprechende nachhaltige Maßnahmen und Verhaltensweisen zum Schutz der Schöpfung ein.

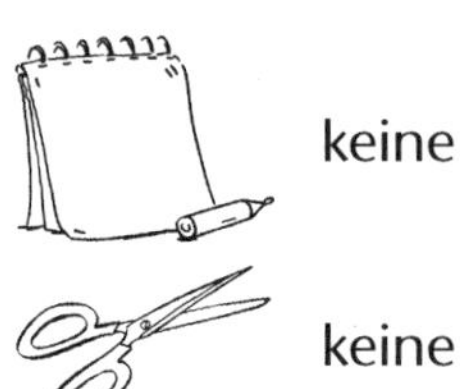

keine

keine

Durchführung:

Die Schüler initiieren in der Schule einen Wettbewerb, zu dem alle Klassen eingeladen sind. Im Mittelpunkt steht die Frage:

Welche Werte brauchen wir heute, damit wir in Zukunft zufrieden und gut leben können?

Bei dem Wettbewerb sind vor allem Ideen und die Kreativität gefragt.
Die teilnehmenden Schüler sollen ihre Fantasien, Visionen, Utopien, Hoffnungen, Träume umsetzen in Geschichten, Bildern, Liedern, Gedichten, Kurzgeschichten, Collagen, Modellen, Skulpturen, Videos, Theaterstücken, Fotos oder Multimedia-Projekten, …
Die originellsten Ideen erhalten einen Preis. Teilnehmen können alle Schülerinnen und Schüler der Schule, egal ob Einzelpersonen oder Projektgruppen.
Bei der Planung der Werte-Werkstatt können folgende Schritte gegangen werden:
1. Schritt: Informationsphase (Einführungsveranstaltung, Vorstellung der Idee auf Plakaten, Informationsblättern oder auf der Schulhomepage)
2. Schritt: Anmelde- und Durchführungsphase
3. Schritt: Sichtungs- und Bewertungsphase (Eine Jury nimmt alle eingereichten Arbeiten unter die Lupe und legt die besten Arbeiten fest.)
4. Schritt: Vernissage und Preisverleihung (Alle eingereichten Arbeiten können gesichtet werden. Die Wettbewerbssieger erhalten Preise.)

Weitere Hinweise:

Im Vorfeld können Sponsoren gesucht werden, die den Wettbewerb unterstützen. Auch die örtliche Presse ist sicherlich interessiert an einem solchen kreativen Schulprojekt.

Variante 1:

In einzelnen Fächern werden bestimmte Schwerpunkte betrachtet, sodass die Schüler zur kreativen Beschäftigung angeregt werden.

Variante 2:

Die Wettbewerbsprodukte werden in Form einer Ausstellung über einen längeren Zeitraum für die Schulgemeinschaft und externe Besucher zur Verfügung gestellt. Eventuell kann auch eine Wanderausstellung konzipiert werden.

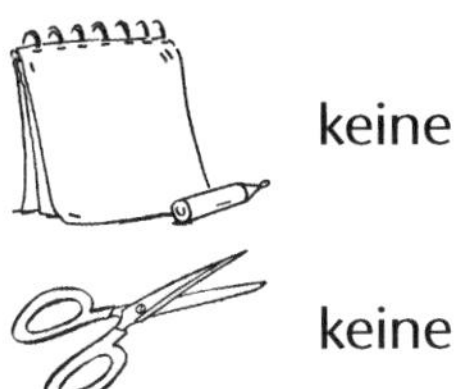

keine

keine

Durchführung:

In vielen Krankenhäusern oder Unternehmen ist mittlerweile bei kritischen Fragestellungen die Beratung durch ein Ethikkomitee üblich. Im Mittelpunkt der Beratungen stehen konkrete Fallbesprechungen. Dabei soll durch die Empfehlung des Ethikkomitees vor allem die Entscheidungsfindung unterstützt werden. Das ärztliche und pflegerische Personal trifft die letzte Entscheidung. Im klinischen Alltag heißt das etwa: Welche medizinische Maßnahme ist wirklich gut für den Patienten und wird seinen Wertüberzeugungen gerecht?

Bei dieser Methode werden in Form eines Rollenspiels ethisch relevante Situationen durchgespielt. Mögliche Teilnehmer sind: Arzt, Pfleger, Angehörige, Seelsorger, Patientenfürsprecher, Sozialarbeiter.

- Es wird zunächst ein Fall mit einer konkreten Frage vorgestellt (z. B.: Ein junger Mann liegt seit fünf Jahren im Koma. Sollen die lebenserhaltenden Maßnahmen eingestellt werden?).
- Argumente und Gegenargumente werden aus unterschiedlichen Perspektiven diskutiert.
- Es wird eine Empfehlung für eine Orientierungs- und Entscheidungshilfe formuliert.

Weiterer Hinweis:

Es ist sinnvoll, im Rahmen einer ethischen Fragestellung einen externen Experten in den Unterricht einzuladen.

Variante:

Ethikkomitees sind im wirtschaftlichen Bereich angesiedelt (z. B.: Wegen zurückgehender Verkaufszahlen sollen 50 Mitarbeiter entlassen werden. Nach welchen Kriterien soll dies geschehen?).

Rollenspielkarten, Informationen zur Situation, Requisiten

keine

Durchführung:

In Form einer fiktiven Gerichtsverhandlung wird eine Problemstellung verhandelt. Dabei machen sich die Schüler zunächst mit der Fragestellung vertraut, indem sie grundlegende Texte zum Thema lesen. Am Ende der Verhandlung steht nach Abwägung aller Positionen ein Urteil.

- **Vorbereitung: Ausgangssituation und Einführung in die Gerichtsverhandlung**

In der Vorbereitungsphase wird die Spielsituation (Fall) vorgestellt. Der Ablauf einer Gerichtsverhandlung in Form eines Rollenspiels wird schrittweise erläutert.

- **Rollenverteilung**

Die Rollen werden verteilt (Richter, Schöffen, Staatsanwalt, Verteidiger, Angeklagter, Sachverständiger, Zeugen, Protokollführer, Polizist).

- **Vorbereitung des Rollenspiels**

Die Spieler bereiten sich mit Unterstützung von Mitschülern auf ihre Rollen vor. Auf Karten notieren sie ihre Position, ihr Verhalten und Eckdaten zu ihrer Rolle. Ein Moderator koordiniert die Inhalte. Verteidiger und Angeklagter können sich gemeinsam auf die Verhandlung vorbereiten.

- **Rahmenbedingungen**

Der Raum wird in der Form eines Gerichtssaales gestaltet: Richter (vorne), Verteidiger und Angeklagter (rechts), Staatsanwalt (links), Zeugen (am Zeugenstand vor dem Richter), Zuhörer (hinten). Die Zeugen nehmen vor der Tür Platz und warten, bis der Richter sie ruft. Nach ihrer Aussage können sie im Raum Platz nehmen.

- **Durchführung des Rollenspiels (verkürzte Form):**
  - Eröffnung durch den Richter (Aufruf zur Sache, Anwesenheitsfeststellung und Zeugenbelehrung, Vernehmung des Angeklagten zur Person)
  - Verlesen der Anklageschrift (Staatsanwalt)
  - Angeklagter wird zur Tat befragt
  - Zeugen werden befragt
  - Verhandlungspause: Ausarbeitung der Plädoyers / Interviews

- o Plädoyers (Staatsanwalt, Verteidiger)
- o Schlusswort des Angeklagten
- o Beratung des Gerichts, Urteilsverkündung

- **Reflexion**

Die Schüler, die bei der Verhandlung nicht mitwirken, erhalten Beobachtungsaufgaben. So können sie etwa die Rolle eines Gerichtsreporters, eines Familienmitgliedes oder Freundes des Opfers oder Täters einnehmen und den Ablauf der Verhandlung bewerten. Auch die Teilnehmer der Gerichtsverhandlung werden gebeten, ihre Rollen und den Ablauf kritisch zu reflektieren.

- **Berichte und Kommentare**

Als Hausaufgabe fertigen die Schüler eine schriftliche Arbeit (z. B. Zeitungsbericht, Kommentar, Leserbrief, Radiofeature) an.

Weitere Hinweise:

Die Lerngruppe kann vor der Durchführung der Methode eine Gerichtsverhandlung vor Ort besuchen und sich so ein Bild machen.

Die Gerichtsverhandlung kann als Video aufgenommen werden und bietet so eine gute Grundlage für die Reflexion und die Weiterarbeit am Thema.

Die Methode eignet sich gut, um ein Thema sehr systematisch und kritisch von unterschiedlichen Seiten zu betrachten.

Variante:

Da diese Methode viel Zeit in der Planung, Durchführung und Reflexion benötigt, kann eine verkürzte Version der Gerichtsverhandlung geplant werden.

2.17 Der Provokateur

90 Min. | Kl. 8–10

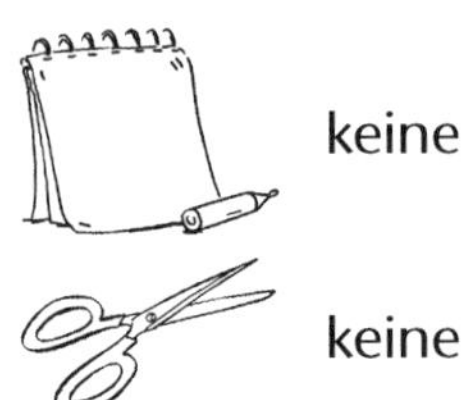

keine

keine

Durchführung:

Diese Methode eignet sich gut, wenn sehr gegensätzliche und extreme Positionen zu erwarten sind. Im Mittelpunkt steht der Provokateur. Er liebt Übertreibungen und verletzt auch gelegentlich Regeln und Normen. Das ist Teil seiner Taktik. Der Provokateur versucht gezielt, Menschen in seinem Umfeld aus der Reserve zu locken und ein bestimmtes Verhalten herauszufordern.
Das ist die Grundlage für das Spiel.

Drei Schüler bilden jeweils eine **Gesprächsgruppe**:

Schüler 1: Du bist der Provokateur. Provoziere dein Gegenüber mit extremen Argumenten und Formulierungen. Bleibe möglichst häufig auf der persönlichen Ebene. Beleidigungen, verbale Verletzungen und aggressives Verhalten sind nicht erlaubt.

Schüler 2: Bleibe immer auf der sachlichen Ebene und versuche durch starke Argumente zu überzeugen. Nimm dein Gegenüber ernst.

Schüler 3: Du beobachtest das Gespräch und mischst dich nur ein, wenn Regeln verletzt werden. Achte darauf, dass das Gespräch sachlich bleibt. Du moderierst die abschließende Reflexion. Formuliere einen markanten Satz zum Thema des Gespräches.

Weiterer Hinweis:

Schöne und friedliche Gespräche können langweilig sein. Gute sachliche Provokationen können die Gesprächspartner aus festgefahrenen Mustern herausholen und neue Horizonte erschließen.

Variante:

Ein Schüler sitzt auf einem „heißen Stuhl“ und formuliert eine provozierende These, die er mit Argumenten untermauert. Mithilfe eines Moderators kommt es zu einem Gespräch mit dem Publikum.

Konkrete Unterrichtsbeispiele:

- Ich halte die Todesstrafe in bestimmten Fällen für gerechtfertigt.
- Menschen, die in unserem Land auf unsere Kosten leben, sollten zu gemeinnütziger Arbeit verpflichtet werden.
- Hooligans sollten die Kosten der Polizeieinsätze bezahlen.

2.18 Wechselnde Gesprächsrunde

 45 Min.

Kl. 8–10

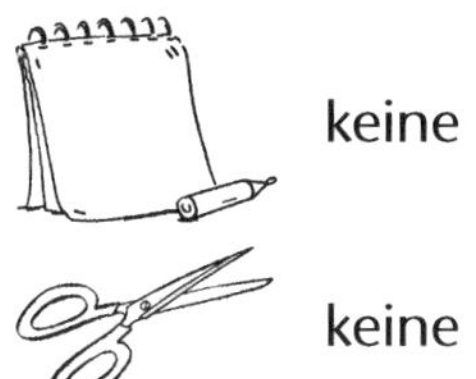

keine

keine

Durchführung:

Eine kleine Runde von sechs Personen trifft sich zu einem kontroversen Gespräch. Sie sitzen in einem Innenkreis. Um den Innenkreis wird ein Außenkreis mit den restlichen Schülern gebildet. Ein Teilnehmer des Innenkreises führt als Moderator durch das Gespräch. Dabei können die Schüler ihre persönlichen Positionen einbringen. Nach einer einleitenden Runde (ca. 5 Minuten) kann das Gespräch eine gewisse Dynamik erfahren. Dazu bieten sich **zwei Möglichkeiten** an:

1. Ein Teilnehmer aus dem Außenkreis geht zur Mitte und löst einen Gesprächsteilnehmer ab. Dazu legt er ihm die Hand auf die Schulter. Er setzt sich anschließend auf dessen Platz und beteiligt sich an der Diskussion.
2. Ein Teilnehmer des Innenkreises steht auf und legt einem Teilnehmer des Außenkreises eine Hand auf die Schulter. Der geht in die Mitte, setzt sich auf den freien Stuhl und nimmt am Gespräch teil.

Der Moderator kann ebenfalls abgelöst werden. Die Wechselaktionen geschehen in Ruhe und ohne großes Aufsehen.

Weitere Hinweise:

Das Gespräch bleibt durch die wechselnden Teilnehmer abwechslungsreich und spannend.
Auch zurückhaltende Schüler können mithilfe dieser Methode gut aktiviert werden.

Variante:

Ein Stuhl im Innen- und im Außenkreis bleibt jeweils frei. Wenn ein Schüler den Platz besetzt, muss ein anderer Gesprächsteilnehmer seinen Platz frei machen. Dies erfordert ein hohes Maß an Motivation aller Schüler.

keine

Lassen Sie mit Stühlen, Tischen und evtl. Requisiten ein Bühnenbild gestalten, nachdem das Drehbuch feststeht.

Durchführung:

Im Mittelpunkt des Forumtheaters (eine Methode aus dem Theater der Unterdrückten) stehen Frage- und Problemstellungen sowie Konflikte, die von der Anlage her keinen guten Ausgang haben.
Dazu entwickeln die Schüler in mehreren Kleingruppen unterschiedliche kurze Spielhandlungen zu einem vorgegebenen Thema (ca. 10–15 Minuten).
Die erste Spielhandlung wird von der Gruppe präsentiert. Bei einer zweiten Darbietung kann das Publikum in die Handlung eingreifen und Rollen übernehmen. So entwickeln sich neue Spielhandlungen und interessante Problemlösungsstrategien. Es kann mehrere Spielhandlungen einer vorgestellten Szene geben.
In einer Abschlussphase werden die unterschiedlichen Spielverläufe auf ihre realistische Umsetzungsmöglichkeit hin überprüft.

Weiterer Hinweis:

Es sollte darauf geachtet werden, dass auch zurückhaltende Schüler dazu angeregt werden, in die Spielhandlung einzugreifen. Dazu kann etwa ein Schauspieler ins Publikum gehen und einen Zuschauer dazu auffordern, seine Rolle zu übernehmen.

Variante 1:

Es wird nur eine Spielhandlung vorgegeben, die zunächst einmal aufgeführt wird.

In mehreren Gruppen werden mögliche Spielverläufe diskutiert. Dabei werden konkrete Eingriffe in die Handlung geplant und anschließend umgesetzt. So kann es zu nicht planbaren Handlungen kommen, da die anderen Gruppen ebenfalls Ideen einbringen werden. Ein spannendes und lebhaftes Spiel kann beginnen.

Variante 2:

Die Spielszene wird von einem Schüler moderiert und die Schauspieler verändern die Handlung aufgrund von Zurufen aus dem Publikum. Dazu werden vorher Regeln vereinbart.

keine

Gestalten Sie die Lernumgebung (Sitzordnung, Technik, usw.) ansprechend.

Durchführung:

Experten sind Menschen, die auf einem bestimmten Fachgebiet besondere Kenntnisse und Erfahrungen haben. Speziell authentisches Praxiswissen kann kein Lehrbuch vermitteln.

- **Suche und Auswahl** eines Experten auf einem bestimmten Fachgebiet, Informationen über den Experten und seine Arbeit (Recherche) sammeln
- **Planung des Gesprächs**: Was wollen wir durch dieses Gespräch erreichen? Was wollen wir wissen (Kompetenzen, Entwurf eines Fragenkatalogs)? Wer stellt welche Fragen? Wer übernimmt die Moderation?
- **Rahmenbedingungen schaffen**: Absprachen mit dem Experten, Zeitrahmen, Ort der Veranstaltung, technische Voraussetzungen, Raumgestaltung, Sitzordnung, Pressebericht, Gäste, Information der Schulleitung, Ablauf des Gesprächs
- **Durchführung des Expertengesprächs**, das durch einen Moderator geleitet wird
- **Reflexion** (ohne den Experten): Haben sich unsere Erwartungen erfüllt? Was haben wir Neues erfahren? Hat der Experte durch seine Informationen und sein Verhalten überzeugen können?

Weiterer Hinweis:

Es ist sinnvoll, dem Experten bereits vor dem Gespräch den Fragenkatalog zukommen zu lassen. So kann er sich gut auf das Gespräch vorbereiten und die Erwartungen der Schüler berücksichtigen.

Variante 1:

Das Expertengespräch wird – in Absprache mit dem Gast – aufgezeichnet, um wichtige Gesprächsphasen nochmals genauer betrachten zu können.

Variante 2:

Das Expertengespräch findet außerhalb der Schule statt.

Variante 3:

Das Expertengespräch findet spontan statt, ohne genaue Planung der Fragen. Dabei sollte ein Protokoll über den Gesprächsverlauf erstellt werden.

Konkrete Unterrichtsbeispiele:

Experten zu verschiedenen Themengebieten

- Organspende: Arzt, betroffene Patienten, Angehörige
- Weltreligionen: Priester, Rabbi, Imam
- Tod und Sterben: Bestatter, Arzt, Priester, Hospizmitarbeiter
- Philosophische Themen: Universitätsdozent, Buchautor
- Umwelt, Klima: Vertreter von Umweltverbänden, Politiker, Wissenschaftler
- Gewissen, Schuld, Verantwortung: Psychologe, Gefängnispfarrer, Sozialarbeiter, Streetworker

keine

Treffen Sie vorab organisatorische Absprachen.

Durchführung:

Gegenstand des Ethikunterrichts ist besonders die Lebens- und Erfahrungswelt der Menschen. Im Mittelpunkt steht also das konkrete Lebenswissen. Daher ist es wichtig, mit den Schülern Orte zu besuchen, an denen das Leben stattfindet. Diese Form des außerschulischen Lernens muss gut geplant sein:

- Die Schüler recherchieren und erstellen eine Liste mit möglichen außerschulischen Lernorten.
- Kontakte müssen hergestellt und Absprachen getroffen werden.
- Der Besuch muss vorbereitet werden. Die Schüler erhalten z. B. unterschiedliche Beobachtungsaufträge und sollen in der Nachbereitung einen Sach- und Erfahrungsbericht verfassen.
- Bei einer solchen außerschulischen Maßnahme sind viele Regeln im Vorfeld zu beachten: Unterrichtsgang anmelden, Eltern informieren, Aufsichtspflicht klären, Transportmöglichkeit organisieren usw.
- Das Verfassen von Sach- und Erfahrungsberichten wird in der Nachbereitung von den Schülern reflektiert.

Weiterer Hinweis:

Es sollte den Schülern deutlich vermittelt werden, dass nicht die Unterhaltung im Vordergrund steht, sondern entdeckendes Lernen, bei dem alle Sinne gefragt sind.

Variante:

Noch intensiver wird der Lerneffekt, wenn die Schüler die Möglichkeit erhalten, die im Unterricht erworbenen Kompetenzen in konkreten Lebenssituationen anzuwenden und zu vertiefen. Ein solches aktives Lernen im Rahmen des Ethikunterrichts könnte in Form eines Arbeitstages in einer sozialen Einrichtung geschehen. Hierbei werden die Schüler mit vielfältigen ethischen Entscheidungssituationen konfrontiert. Dabei bedarf es intensiver Absprachen mit den Einrichtungen, um die ethische Intention zu verdeutlichen.

Konkrete Unterrichtsbeispiele:

Hospiz, Krankenhaus, Moschee, Kirche, Schuldnerberatung, Justizvollzugsanstalt, Beratungsstellen, Gericht, Altenheim, Jugendhilfeeinrichtung, Caritas, Amnesty International, Friedhof, Bestattungsunternehmen, Obdachloseneinrichtung, Asylunterkunft usw.

2.22 Denkraum

30 Min. Kl. 5–10

Medium als Impuls

Organisieren Sie einen festen Raum, der zur angegebenen Zeit frei ist.

Durchführung:

Der Denkraum könnte neben der Bibliothek oder der Mensa zu einer festen Einrichtung im schulischen Alltag werden. Der Denkraum ist zu bestimmten Zeiten geöffnet und lädt die Teilnehmer dazu ein, sich in einem offenen Gespräch ethischen und philosophischen Fragestellungen zu widmen. Dazu findet sich ein Planungsteam aus unterschiedlichen Ethikgruppen zusammen, deren Mitglieder das Angebot betreuen.

Das Programm könnte in einer vorgegebenen Zeit nach einem festen Ritual ablaufen:

- **Impuls** (unterschiedliche Medien, z. B. Musik, Film, Kunst, Text, Spiel) führt in das Thema ein oder macht neugierig
- **Gespräch** über das Thema in einer offenen Atmosphäre
- **Denkaufgabe**, die zum Weiterdenken und Handeln animieren will

Weitere Hinweise:

Lehrer haben bei diesem Angebot nur eine beratende Funktion. Im Denkraum geht es anders zu als im Klassenzimmer, denn der Denkraum wird von Schülern selbstständig organisiert.

Die Themen sollten nach Möglichkeit einen aktuellen Bezug haben.

Variante:

Eine erweiterte und eventuell anspruchsvollere Version stellt ein von den Schülern organisiertes „Philosophisches Café“ dar, das mit seinen Angeboten auch die Öffentlichkeit einlädt. Zu den Veranstaltungen werden Fachleute eingeladen, die zu ethischen und philosophischen Fragestellungen Rede und Antwort stehen.

2.23 Gesprächsrollen

90 Min. | Kl. 7–10

Rollenkarten

keine

Durchführung:

Eine interessante ethische Fragestellung soll möglichst kontrovers diskutiert werden. Dazu nehmen die Teilnehmer unterschiedliche Rollen ein, in die sie sich zunächst in einer Vorbereitungsphase einfinden sollen.

Bei einer Gesprächsrunde nehmen die Teilnehmer unterschiedliche Positionen ein, die vorgegeben sind (z. B. Träumer, Mitläufer, Geizhals, Optimist, Schwarzweißmaler, Ja-Sager, Realist, Kritiker).
Das Gesprächsthema wird festgelegt. Die sechs Gesprächsteilnehmer nehmen Platz, jeder von ihnen zieht eine Gesprächskarte mit einer Rollenvorgabe. Der Moderator eröffnet das Gespräch. Die Teilnehmer versuchen aus der vorgegebenen Rolle heraus, Argumente und Gesprächsbeiträge zu formulieren.

Nun diskutieren die Teilnehmer das vorgegebene Thema und versetzen sich bei ihren Argumenten und Gesprächsbeiträgen in ihre jeweilige Rolle. Die einzelnen Rollen können ausgetauscht und von freiwilligen Teilnehmern besetzt werden.

Bei der abschließenden Reflexion stehen folgende Fragen im Mittelpunkt:
Wie habe ich mich in der vorgegebenen Rolle gefühlt?
Ist es mir schwer gefallen, die richtigen Argumente zu finden?
Konnte ich durch meine Argumentation den Gesprächsverlauf beeinflussen?
...

Weiterer Hinweis:

Durch das Hineinversetzen in die unterschiedlichen Rollen sollen sich die Schüler vor allem in Menschen und Positionen hineindenken, die ihnen fremd sind.

Variante:

Die Rollen werden vor Gesprächsbeginn gemeinsam festgelegt und vor die Stühle der Teilnehmer gelegt. In einer zweiten Gesprächsrunde können die Rollen neu verteilt werden und das Gespräch beginnt von vorne.

Konkretes Unterrichtsbeispiel:

Alleswisser	Angsthase	Auslacher
Außenseiter	Clown	Danke-Sager
Denker	Drumrumreder	Einfallsreicher
Einzelgänger	Ekel	Fantasierer
Fettnäpfchentreter	Frauenheld	Freak
Friedfertiger	Geizhals	Genussmensch
Großmaul	Idiot	Intellektueller
Ja-Sager	Komiker	Kritiker
Lästermaul	Lebenskünstler	Managertyp
Mauerblümchen	Memme	Mitfühlender
Mitläufer	Nachfrager	Nein-Sager
Nervensäge	Nörgler	Optimist
Perfektionist	Pessimist	Realist
Schönredner	Schwarzweißmaler	Seelsorger
Softie	Spaßvogel	Spezialist
Suchender	Trauerkloß	Träumer
Unglücksmensch	Unzufriedener	Visionär
Verharmloser	Weltverbesserer	…

Arbeitsblatt mit Entscheidungssituation

keine

Durchführung:

Bedeutsam für die ethische Urteilsbildung ist das Lernen an Entscheidungssituationen. Dazu wird eine problemhaltige Situation vorgegeben, zu der durch das Beziehen einer Position und einer überzeugenden Argumentation eine Entscheidung getroffen werden muss:

- In einem ersten Schritt wird die Situation vorgestellt und durchgesprochen. Dazu wird eine Entscheidungsfrage formuliert (z. B.: Soll ich der Polizei, um einen Freund zu schützen, verraten, dass ein anderer Freund an einem Diebstahl beteiligt war?).
- Idealerweise wird die Situation in Form eines Rollenspiels aufgearbeitet. Dabei werden Pro- und Kontra-Argumente gesammelt und besprochen.
- In der nächsten Phase wird eine konkrete zu begründende Entscheidung getroffen.
- Abschließend wird der Entscheidungsprozess kritisch reflektiert.

Weiterer Hinweis:

Wichtig ist bei diesem Rollenspiel, dass die zu treffende Entscheidung begründet werden muss.

Variante 1:

Die Entscheidungsfindung wird in einer Diskussionsrunde herbeigeführt. Dabei geben die Schüler vor und nach dem Gespräch jeweils ein Votum ab.

Variante 2:

Die Welt ist kompliziert und es gilt, sich Kompetenzen anzueignen, um diese Komplexität zu entwirren. Eine gute Möglichkeit dazu bieten typische Dilemmasituationen. Im Mittelpunkt steht dabei meist ein ethisch-moralischer Konflikt mit nur zwei Lösungswegen, der durch Abwägen der Möglichkeiten gelöst werden soll. Dabei soll eine systematische und analytische Vorgehensweise zur Findung einer Lösung eingeübt werden.
Im Internet finden sich viele Beispiele (z. B. Heinz-Dilemma). Sehr eng verknüpft ist das Thema mit der Theorie der moralischen Entwicklung nach Lawrence Kohlberg.
Die Schüler können nach einer Einführung in das Thema auch eigene Dilemmageschichten schreiben und lösen.

Internetzugang

keine (Die Schüler arbeiten zu Hause an ihrem Blog.)

Durchführung:

Ein Blog (auch Weblog) bietet eine vielseitige virtuelle Möglichkeit des Meinungsaustausches im Rahmen des Unterrichts. Blogs sind unkompliziert in der Handhabung und benötigen kein tiefergehendes Fachwissen. Es können Texte und Medien eingestellt, kommentiert oder in Arbeitsgruppen gemeinsam bearbeitet werden.

Auch Diskussionen zu einem Themenbereich sind möglich. Besonders für die Unterrichtsvor- und -nachbereitung sind Blogs hervorragend geeignet.

Dabei ist eine systematische und gut strukturierte Vorgehensweise sinnvoll:

- Wer legt die Seite an und übernimmt die Rolle des Administrators?
- Wie sieht die Einarbeitung in die Handhabung aus?
- Wer soll Zugang erhalten und ist dazu ein Passwort sinnvoll?
- Werden die Beiträge zensiert und gibt es Regeln, die beachtet werden müssen?
- Werden die Eltern und die Schulleitung über die Arbeit mit den Weblogs informiert?

Weiterer Hinweis:

Es gibt im Internet frei zugänglich Blog-Plattformen (z. B. Blogger.com, WordPress und Tumblr).

Variante 1:

Um ein möglichst breites Meinungsbild zu bestimmten Themen zu erhalten, können Bereiche für Blogger außerhalb der Lerngruppe geöffnet werden.

Variante 2:

Natürlich können auch andere Internet-Plattformen wie etwa Facebook oder Twitter für unterrichtliche Zwecke genutzt werden. Es bietet sich zunächst viel Raum für experimentierendes Lernen.

keine

Legen Sie einen Ablageort für die gesammelten Materialien fest.

Durchführung:

Die Sinnsucher sind unterwegs in einer besonderen Mission. Sie suchen nach Spuren in ihrer erlebbaren Welt. Die Schüler erhalten zum Schuljahresbeginn den Auftrag, sich als Scouts auf die Suche nach Sinnspuren zu machen. Das heißt konkret: Sie schärfen alle Sinne für Sinnerfahrungen (Gespräche, Beobachtungen, Filme, Musik, Texte, Bilder, Gedanken, Fragen, Gefühle, Geräusche, Gerüche, ...). Im Klassenraum gibt es eine Möglichkeit, die Sinnspuren zu hinterlegen.
Zu einem vereinbarten Zeitpunkt blickt die Lerngruppe genauer auf die Sammlung. Dabei erkunden die Schüler gemeinsam die Welt der Sinnfragen und finden so mögliche Antwortversuche auf die großen Fragen.

Weitere Hinweise:

Die Methode soll die Schüler durch die offene Form dieses entdeckenden Unterrichts vor allem neugierig machen. Denn schnell wird allen klar, dass es viele Fragen gibt, auf die das Internet keine Antworten weiß. Daher wird es wichtig werden, die Antworten unter den Menschen zu suchen.

Variante:

Die Sinnmaterialien werden zu einer multimedialen Ausstellung zusammengefügt.

Konkretes Unterrichtsbeispiel:

Sinnfragen-Sammlung

Was ist Gerechtigkeit? Was ist Glück? Wo will ich hin? Welche Sätze haben mich geprägt? Was macht dich neugierig auf die Welt? Worauf wartest du? Was muss sich ändern? Wofür schlägt mein Herz? Was soll sich niemals verändern? Wer bin ich? Wo gehe ich hin? Welche Erfahrungen habe ich bisher mit dem gemacht, was ich kann? Was schätzen andere an mir? Was ist dir an deinen Freunden wichtig? Wie ist dein Verhältnis zu deinen Großeltern? Bist du eher ein Gefühlsmensch oder ein Verstandesmensch? Wo beginnt die „weite Welt"? Welche Rolle würdest du einmal spielen wollen? Was würde ich am liebsten loslassen? Welche Geschichte aus deinem Leben erzählst du am liebsten? Wenn sich alles in meinem Leben perfekt entwickeln würde, wo würde ich dann in drei Jahren stehen? Was war der glücklichste Tag in deinem Leben? Was empfindest du in einer Menschenmenge? Was kritisiere ich bei anderen häufig und schnell? Was bringt die Zukunft? Was ist die Liebe? Wenn ich an mein größtes Vorbild denke: Was zeichnet diesen Menschen aus? Wie kann ich meine Probleme selbst lösen? Wie kann ich herausfinden, was ich will? Was brauche ich, um glücklich und zufrieden zu leben? Wer hat dich zuletzt richtig überrascht? Was ist für dich der Sinn deines Lebens?

2.27 Talkshow

90 Min. | Kl. 8–10

Karten, Stifte

Bereiten Sie den Klassenraum für die Talkrunde vor.

Durchführung:

Bei einer Talkshow steht die spielerische Auseinandersetzung mit einem Thema im Mittelpunkt. Dabei sollte sie kontrovers und unterhaltsam gestaltet werden. Dazu ist eine gute Vorbereitung unerlässlich:

- Zunächst werden zu einem Thema unterschiedliche Standpunkte gesammelt.
- Zu jedem Standpunkt wird eine Vorbereitungsgruppe gebildet, die Argumente sammelt. Dabei gewinnt die Rolle durch die Beschreibung zunehmend an Profil. Ein Schüler aus jeder Gruppe übernimmt bei der Talkshow die entsprechende Rolle.
- Eine Expertengruppe sammelt sachliche Argumente, die ein Fachmann in die Runde einbringen kann.
- Ein Moderatorenteam bereitet sich ebenfalls vor. Dazu werden Gespräche mit den einzelnen Gruppen geführt. Auch der genaue Ablauf der Talkshow und die Gestaltung des Raumes werden von dieser Gruppe vorbereitet.
- Die Talkshow kann beginnen. Dazu setzen sich die einzelnen Talkgäste und der Moderator in einen Sitzkreis. Die übrigen Schüler hören zu und beobachten den Ablauf.

Weitere Hinweise:

Um die Talkshow gut zu reflektieren und die Ergebnisse zu sichern, erhalten die Zuschauer Beobachtungsaufgaben. Dabei sollen vor allem die Argumente und der Ablauf der Diskussion im Mittelpunkt stehen.
Hilfreich für eine gute Reflexion ist eine Videoaufnahme der Talkrunde.

Variante 1:

Die einzelnen Talkgäste können während der Gesprächsrunde ausgetauscht werden. Damit kann eine gewisse Spannung erzeugt und die Dramaturgie erhöht werden.

Variante 2:

Das Rollenspiel soll die Schüler dabei unterstützen, sich spielerisch Wissen anzueignen, andere Perspektiven kennenzulernen und den eigenen Standpunkt zu finden. Dazu schreiben die Schüler im Anschluss an die Talkshow einen Erfahrungsbericht, in dem sie die Gesprächsrunde nochmals reflektieren, die vorgestellten Positionen kritisch bewerten und den eigenen Standpunkt argumentativ erläutern.

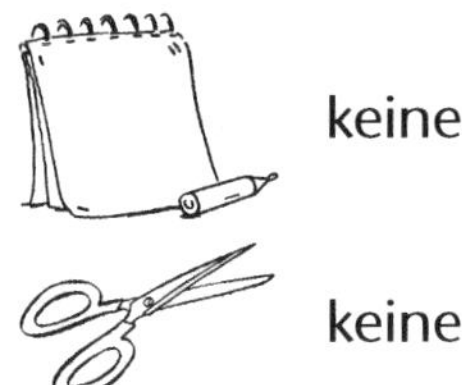

keine

keine

Durchführung:

Wenn Menschen sich begegnen, erzählen sie meist Geschichten aus ihrem Leben oder solche, die sie gehört haben. Fast immer stehen Probleme im Mittelpunkt dieser Geschichten und erzählerisch wird entfaltet, wie sich die Problemlösung entwickelt. Das Ende kann erfreulich sein oder auch in eine Katastrophe münden. Das ist die Grundlage dieser Methode.
Der Lehrer bietet den Schülern regelmäßig Zeiten, um sich Geschichten zu erzählen. Dazu werden Kleingruppen gebildet, die nach Möglichkeit von gegenseitiger Sympathie getragen sind. Dann fällt das Erzählen leichter. Es geht nicht darum, die erzählten Geschichten zu bewerten. Daher formuliert die Gruppe einen aussagekräftigen Satz, in dem sie die Erkenntnis aus der gehörten Geschichte formuliert.

Weitere Hinweise:

Geschichtenerzählen verlangt nicht nur eine sprachliche Kompetenz, sondern ist ein ganzheitlicher Vorgang, bei dem auch Mimik und Gestik und vor allem Emotionen eine große Rolle spielen.
Auch das Zuhören will gelernt sein. So kann sich bei dieser Methode ein schönes Ritual entwickeln, das eine intensive Bereicherung bedeuten kann.

Variante 1:

Vor allem ältere Menschen sind aufgrund ihrer Lebenserfahrungen eine Fundgrube für Geschichten. Die Schüler erhalten die Aufgabe, in ihrem Umfeld nach Geschichten zu suchen, die sie in den Unterricht einbringen.

Variante 2:

Die schönsten Geschichten werden gesammelt und am Ende des Schuljahres als Geschenk für alle Schüler zu einem kleinen Erzählband zusammengefasst.

Variante 3:

Die Schüler entwickeln einen Geschichten-Wettbewerb (Poetry Slam), bei dem die besten Geschichten mit der ansprechendsten Präsentation prämiert werden. Dabei ist eine Zusammenarbeit mit dem Deutschlehrer sinnvoll.

2.29 Die Gewissensfrage

variabel Kl. 5–10

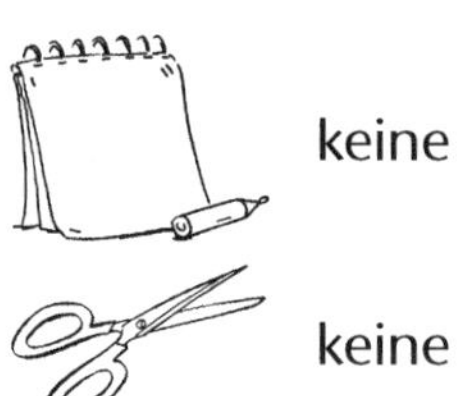

keine

keine

Durchführung:

Das Gewissen ist eine in uns wohnende Instanz, die uns hilft, Entscheidungen zu treffen. Es wird vor allem durch unsere Erziehung und unsere Erfahrungen geprägt. Am Anfang steht die Gewissensfrage:
Soll ich mich so oder so entscheiden? Entscheide ich mich für das Gute oder das Böse, für das Vernünftige oder Unvernünftige? Welche Normen und Werte leiten mich bei meiner Entscheidung? Handle ich zum Wohl der Mitmenschen?
Und dann beginnt ein angelernter Prozess der Entscheidungsfindung. Diese Methode will den Schülern helfen, ihre Gewissensentscheidungen zu reflektieren und hinterfragen zu lernen.
Dazu formulieren sie zunächst konkrete Gewissensfragen. Schritt für Schritt versuchen die Schüler, sich den Fragen zu stellen und dann begründete Entscheidungen zu treffen. So sollen sie lernen, ihr Gewissen zu schärfen. Die Schüler bestimmen dabei durch ständiges Üben ihren eigenen Lernprozess.

Weitere Hinweise:

Die Gewissensfrage kann bei vielen Themen des Ethikunterrichts weiterhelfen.
Sie sollte nach Möglichkeit in der Ich-Form formuliert sein (z. B.: Darf ich einem schwerkranken Menschen auf seine Bitte hin helfen, sein Leben zu beenden?).

Variante:

Drei Schüler spielen nach dem Modell „Engelchen" und „Teufelchen" ein Rollenspiel, bei dem sich die Stimmen des Gewissens unterhalten. Danach muss der Zuhörer eine Entscheidung treffen und begründen.

Konkrete Unterrichtsbeispiele:

- Darf ich einem Freund gegenüber seinen Eltern ein Alibi geben, obwohl er etwas tut, womit diese überhaupt nicht einverstanden sind?
- Meine Schwester schreibt regelmäßig Tagebuch. Sie versetzt mich seit einiger Zeit durch ihr selbstverletzendes Verhalten in große Angst. Darf ich ihr Tagebuch heimlich lesen, damit ich ihr helfen kann?
- Ich benutze auf Facebook eine andere Identität und unterhalte mich mit meinen Freunden. Ist das ein unmoralisches Verhalten?

2.30 Gegensätze im Gespräch

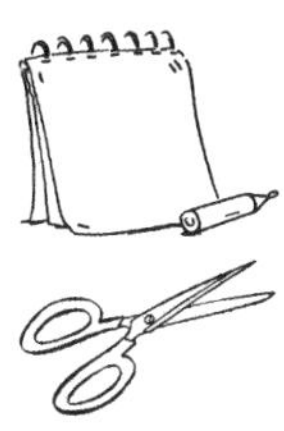

Karten mit Gegensatzpaaren und Handlungsanweisungen

Legen Sie die Karten aus.

Durchführung:

Es sind die Gegensätze, die das Leben schwierig und spannend machen. Und doch müssen wir uns täglich damit auseinandersetzen. So stehen sich etwa GLÜCK und UNGLÜCK gegenüber. Beide sind wichtige Bestandteile unseres Lebens.

- Bei dieser Übung werden zunächst die Gegensatzkarten und die Beobachterkarten ausgelegt. Die Gegensätze finden sich zusammen und suchen sich einen Beobachter.
- In mehreren Phasen begegnen sich die Gegensätze. Der Beobachter gibt dabei die Handlungsanweisung vor, die sich jeweils nach ca. 3 Minuten ändert.
  - o Streit: Jeder stellt seine Vorteile für das Leben der Menschen dar und wertet die Bedeutung des anderen ab.
  - o Gegenseitige Befragung
  - o Komplimente machen
  - o Nutzen und Gefahren gemeinsam benennen
  - o Rollentausch
- Die Gesprächserfahrungen werden gemeinsam reflektiert und deren Bedeutung herausgearbeitet.

Weitere Hinweise:

Die Liste der Aktionen kann von den Beobachtern individuell erweitert werden. Die Beobachter können auch konkrete Fragen stellen.

Variante:

Die Gegensatzpaare und Handlungsanweisungen werden von den Schülern erarbeitet.

Konkrete Unterrichtsbeispiele:

Gegensatzpaare

Glück – Unglück, Liebe – Hass, Gerechtigkeit – Ungerechtigkeit, Gut – Böse, ängstlich – mutig, arm – reich, dumm – intelligent, Fragen – Antworten, Geiz – Verschwendung, gesund – krank, hübsch – hässlich, Lust – Frust, Nähe – Distanz, lachen – weinen, richtig – falsch, schwarz – weiß, Strafe – Belohnung, suchen – finden, sprechen – schweigen, voll – leer, Gewinner – Verlierer, Stärken – Schwächen usw.

3.1 Denkzettel

5 Min. | Kl. 5–10

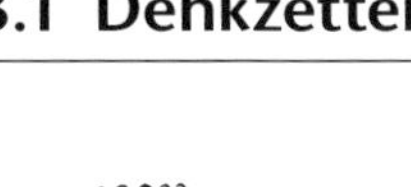

Zettel zum Beschriften

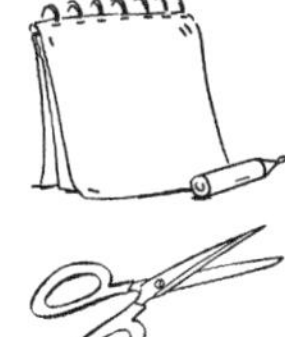

Bereiten Sie die Zettel vor.

Durchführung:

Diese schnelle Abschlussmethode wird als Sicherung des Lernprozesses genutzt. Dabei notieren die Schüler die wesentliche Erkenntnis des Unterrichts in Form einer Frage oder einer Aussage auf einem „Denkzettel“. Der Lehrer verwendet die Notizen für den Einstieg in die Folgestunde.

Weiterer Hinweis:

Die Denkzettel können als festes Ritual in unterschiedlichen Unterrichtsphasen genutzt werden. Also sollten sie immer in ausreichender Anzahl bereitliegen.

Variante 1:

Der Denkzettel soll die Schüler zum Weiterdenken anregen. Dies sollen sie zu Hause tun, wenn sich die Stunde gedanklich gesetzt hat. Sie notieren auf dem Denkzettel Anregungen und Fragen.

Variante 2:

Der Lehrer stellt eine Frage, die zu Hause bearbeitet werden soll. Diese ist auf dem Denkzettel notiert, den jeder Schüler erhält.

Konkretes Unterrichtsbeispiel:

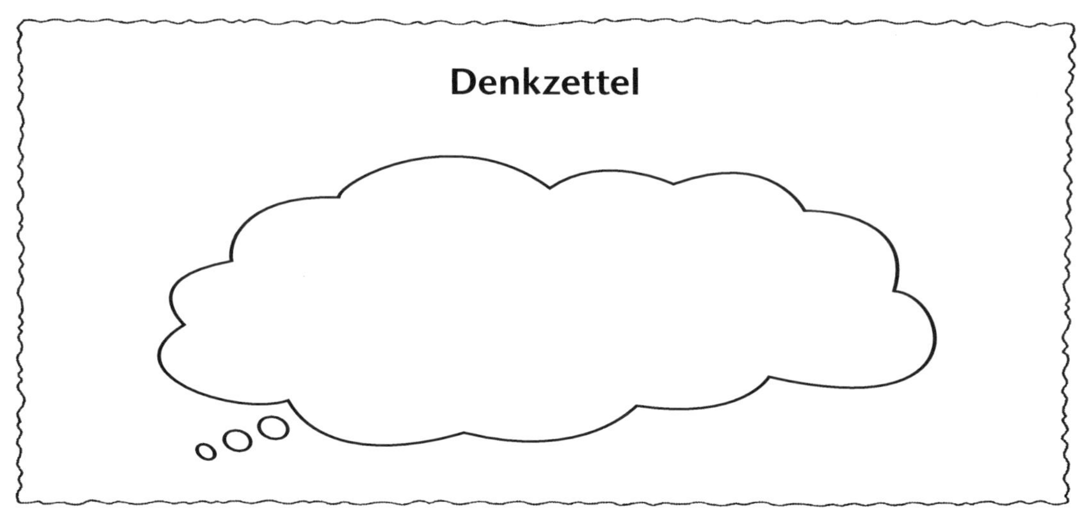

DIN-A4-Blätter, Stifte, Scheren

Legen Sie die Faltanleitungen für das Minibuch in ausreichender Anzahl bereit.

Durchführung:

Die Schüler falten zunächst das Minibuch entsprechend der Faltanleitung. Es umfasst acht Seiten, die kreativ als Gestaltungsfläche genutzt werden können. Dabei besteht der Arbeitsauftrag für die Schüler darin, ein Handlungsprodukt als Ergebnis einer intensiven Auseinandersetzung mit einer Themenstellung anzufertigen.

Weiterer Hinweis:

Es gibt auch die Möglichkeit, Minibücher online zu gestalten und auszudrucken (z. B. www.minibooks.ch).

Variante:

Das Buch wird in einem vergrößerten Format hergestellt. Dabei kann etwa ein DIN-A1-Plakat als Basis dienen.

Konkretes Unterrichtsbeispiel:

Erstelle ein Minibuch, in dem du die wichtigsten Fakten zum Thema Organspende prägnant und anschaulich darstellst.

Faltanleitung Minibuch:

1.

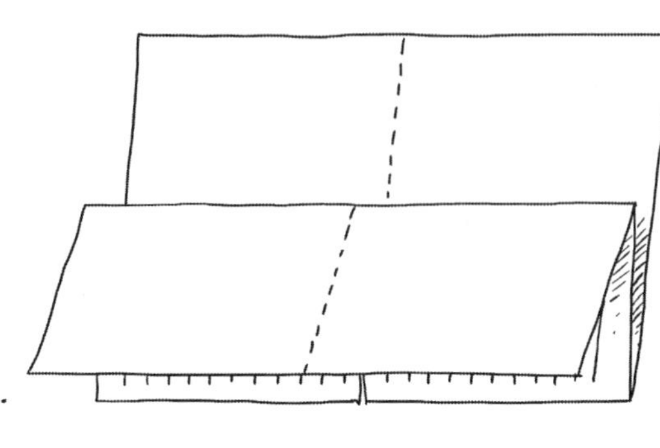

2.

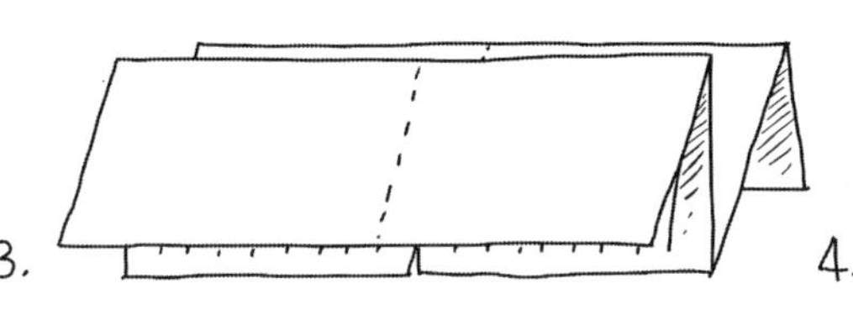

3.

4.

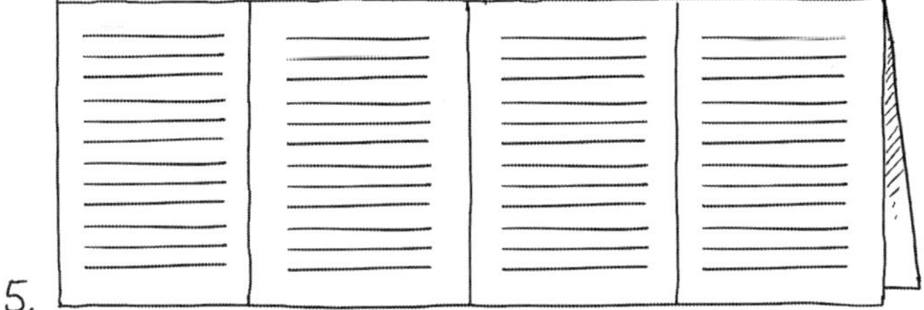

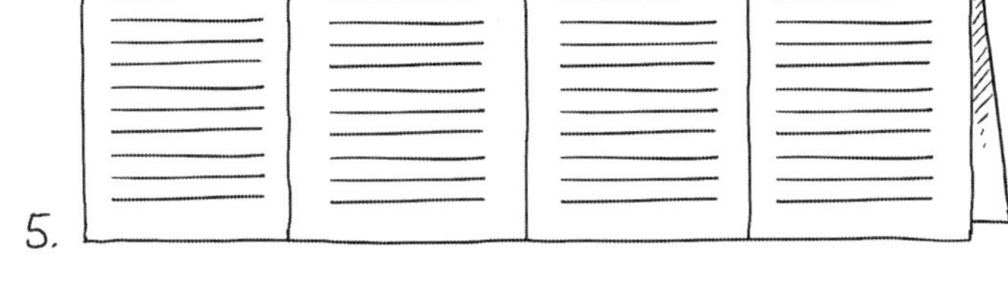

5.

6.

7.

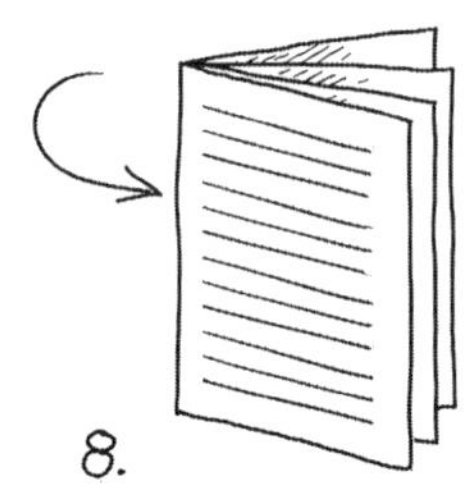

8.

3.3 Zettelkunst

variabel | Kl. 7–10

bunte Haftzettelblöcke

keine

Durchführung:

Unter dem Namen „Post-it-war“ ist in Paris ein Trend entstanden. Büroangestellte gestalten mithilfe von Haftzetteln Kunstwerke an den Fenstern und liefern sich einen regelrechten Wettbewerb. Hier knüpft die Methode „Zettelkunst“ an. Nach dieser Idee sollen die Schüler ihren Slogan an einer Fensterscheibe gestalten.

So können sie im Rahmen der Schule auf wichtige ethische Grundsätze aufmerksam machen.

Zu dem Motto „Darf der Mensch alles, was er kann“ diskutieren die Schüler die Chancen und Risiken menschlichen Handelns. Das Ergebnis sollen sie in Form eines aussagekräftigen Slogans formulieren, z. B. „Bleibe Mensch, trotz allem ...!“, „Das Leben ist wertvoll!“

Weiterer Hinweis:

Eventuell kann dieser Wettbewerb auch dazu führen, dass die besten und aussagekräftigsten Werke einen Preis erhalten.

Variante:

Anstatt der Haftzettel werden Postkarten gestaltet, die jeder Schüler verschicken kann. Hier bieten sich auch virtuelle Möglichkeiten an.

Konkretes Unterrichtsbeispiel:

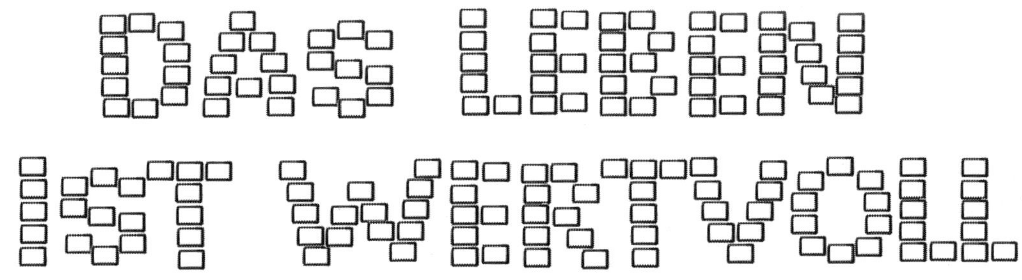

3.4 Ethik-Tabu®

90 Min. | Kl. 5–10

unbeschriftete Tabukarten

keine

Durchführung:

Tabu® ist ein bekanntes Ratespiel, bei dem bestimmte Begriffe erraten werden müssen. Dabei dürfen vorgegebene „Tabu-Wörter“ zur Beschreibung des gesuchten Begriffes nicht benutzt werden. Für das Spiel werden mehrere Gruppen gebildet, wobei immer zwei Gruppen abwechselnd gegeneinander spielen. Innerhalb einer vorgegebenen Zeit umschreibt ein Spieler ein vorgegebenes Wort, das die anderen Gruppenmitglieder erraten müssen. Die gegnerische Gruppe überwacht, dass die Tabu-Wörter nicht benutzt werden. Wenn ein verbotenes Wort genannt wurde, ist die gegnerische Mannschaft an der Reihe.
Für jedes erratene Wort wird ein Punkt vergeben. Sieger ist, wer die meisten Punkte gesammelt hat.

Weiterer Hinweis:

In der ersten Phase des Spiels werden auf vorgefertigten Karten möglichst viele zu erratende Begriffe mit jeweils fünf Tabu-Wörtern notiert.

Variante 1:

Im Rahmen der Unterrichtsreihe zu einem Thema werden die Tabu-Karten bereits entworfen.

Variante 2:

Die Zahl der Tabu-Wörter kann erhöht werden. Dadurch wird das Spiel noch schwieriger und spannender.

Konkretes Unterrichtsbeispiel:

GEWISSEN

Lüge
Wahrheit
gut
böse
Schuld

3.5 Radiofeature

90 Min. | Kl. 5–10

technische Grundausstattung: Mikrofon, Computer, Lautsprecher, Schnittsoftware (z. B. Audacity), Kopfhörer

keine

Durchführung:

Das Radiofeature ist eine kreative Präsentationsmöglichkeit mithilfe der Audiotechnik. Gesprochene Texte, Musik und Geräusche werden zu einem kurzen Audiobeitrag zusammengeschnitten.

- Sammlung von Ideen
- Inhaltliche Planung (Was wollen wir aussagen?)
- Gestalterische Mittel (Interview, Reportage, Hörspiel, Musik, Originaltöne, Geräusche etc.)
- Konkreter Verlauf (z. B. Einstieg, Hauptteil, Hintergrundinformationen, Ausstieg)
- Schnitt, Montage und Mischung
- Präsentation und Besprechung des Ergebnisses

Weitere Hinweise:

Das Radiofeature sollte nicht länger als 3–5 Minuten dauern.
Vor Beginn der konkreten Arbeit sollten sich alle Schüler mit der Mikrofon- und Aufnahmetechnik sowie dem Audioschnitt konkret auseinandersetzen. Hier gilt: Der Lehrer ist nicht immer der Experte. Es gibt unter den Schülern immer wieder Könner, die ihr Wissen gerne teilen. Falls in der Nähe ein Medienzentrum ist, können auch dessen Mitarbeiter angefragt werden.

Variante 1:

Die Schüler produzieren ihr Radiofeature zu Hause und stellen das Ergebnis zum Anhören online.

Variante 2:

Im Mittelpunkt aller Radiofeatures steht eine Expertenbefragung, die ansprechend gestaltet wird. Dies kann auch einen längeren zeitlichen Rahmen einnehmen.

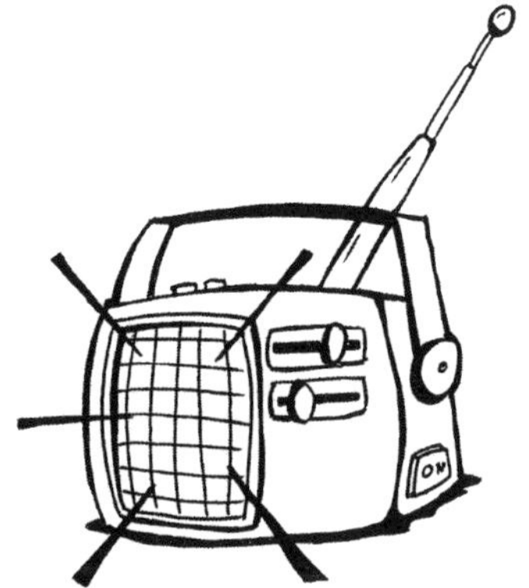

Textblätter, Computer, Mikrofon, Internetzugang, Kamera, Kopfhörer

Organisieren Sie nach Möglichkeit einen freien EDV-Raum, der für diese kreative Arbeit ideal ist, da er alle technischen Voraussetzungen bietet.

Durchführung:

Die Visualisierung von Wörtern kann hilfreich sein, um einen Text im Ganzen besser zu verstehen.

- Es werden Kleingruppen (ca. 4–6 Schüler) gebildet.
- Jede Gruppe erhält einen Text, den sie bearbeiten soll. Zunächst wird der Text in Einzelarbeit gelesen. Schlüsselbegriffe bzw. Phrasen im Text werden markiert. Die Gruppe trifft eine gemeinsame Auswahl.
- Die Wörter werden auf Karten geschrieben, die anschließend die Runde machen. Jeder notiert ein konkretes Bild, das ihm beim Lesen in den Sinn kommt. Alle einigen sich auf feste Bilder.
- Der Text wird über Mikrofon eingelesen.
- Die festgelegten Bildmotive werden mit Kameras aufgenommen oder im Internet gesucht und abgespeichert.
- Mithilfe einer Software werden die Fotos und der eingesprochene Text zu einem Gesamtwerk zusammengeschnitten.
- Jede Gruppe präsentiert ihre Textbilder.
- Abschließend werden die Texte besprochen.

Weiterer Hinweis:

Es gibt eine Vielzahl an kostenlosen Diashow-Programmen (z. B. Windows Movie Maker, Diashow Producer, PhotoStage, Smideo), die eine kreative Arbeit unterstützen.

Variante 1:

Musik, Geräusche, Übergänge und auch Effekte können die Präsentation zusätzlich bereichern und einen unterhaltsamen Akzent setzen.

Variante 2:

Jede Gruppe erhält unterschiedliche Texte und erarbeitet eine reine Bildpräsentation. Bei der Präsentation wird diskutiert, welche Gedanken und Inhalte die Bilder ausdrücken. Erst danach wird der passende Text präsentiert.

Tische, Stühle, Präsentationsmedien

Bereiten Sie eine Tischreihe vor, an der die Experten für die Pressekonferenz Platz nehmen können. Ihnen gegenüber sitzen die Journalisten.

Durchführung:

Nach einer Erarbeitungsphase präsentieren die Schüler ihre Ergebnisse in Form einer Pressekonferenz. Dabei können auch kontroverse Positionen durch unterschiedliche Personen dargestellt werden. Sie vermitteln Fachwissen, beziehen Stellung und bieten Argumente für ihre Positionen. Die Mitschüler übernehmen die Rolle der Journalisten, die die Darstellungen und Statements kritisch hinterfragen. Ein Moderator übernimmt die Gesprächsführung.
Als Hausaufgabe schreiben die Schüler einen entsprechenden Pressebericht, einen Kommentar oder einen Leserbrief.

Weiterer Hinweis:

Es kann sinnvoll sein, die Pressekonferenz zu filmen, um die Details bei der anschließenden Reflexion genauer betrachten zu können.

Variante 1:

Die Schüler schreiben vor der Pressekonferenz eine Presseerklärung, in der sie die wichtigsten Details im Vorfeld mitteilen.

Variante 2:

Als Handlungsprodukt zur Pressekonferenz wird eine kleine Zeitung produziert, die die wesentlichen Informationen aus unterschiedlicher Sichtweise kritisch darstellt. Dabei können auch Fotos und Grafiken eingesetzt werden.

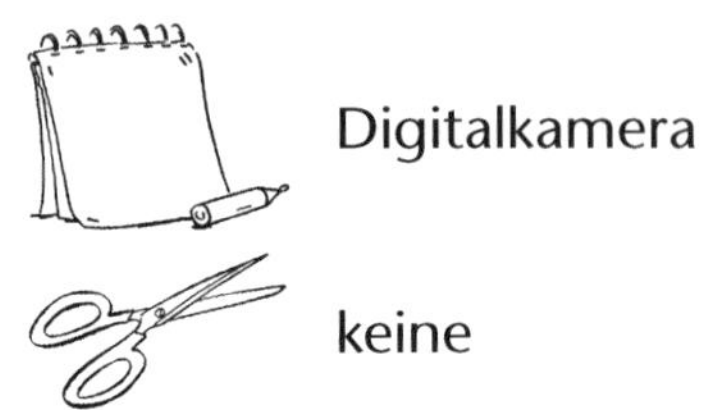

Digitalkamera

keine

Durchführung:

Viele Themen und Problemfragen werden im Unterricht zerredet. Eine andere Zugangsweise ohne Worte bieten Standbilder. Sie eignen sich vor allem dazu, Beziehungen, Haltungen, Einstellungen und Gefühle darzustellen. Auch Geschichten können so anschaulicher werden.
Ein Regisseur übernimmt die Rolle des Baumeisters. Die Spieler stellen ihren Körper zur Verfügung. Dazu werden die Personen zunächst im Raum positioniert. Die Darsteller sprechen nichts und lassen sich von den Mitschülern modellieren. Durch Gestik, Mimik und Körperhaltung oder eine zu- bzw. abgewandte Haltung wird die Situation Schritt für Schritt verfeinert.
Die Zuschauer beobachten das Geschehen und das Ergebnis.
Das Standbild wird fotografiert und im Gespräch reflektiert. Dabei können die Baumeister und die Darsteller ausdrücken, wie sie sich gefühlt haben.

Weitere Hinweise:

Das Standbild kann am Ende einer Unterrichtsstunde das Ergebnis sichern oder als Unterrichtseinstieg dienen.
Die Situation kann immer wieder neu verändert und gestaltet werden.

Variante 1:

Als Einführung und Übung erhalten mehrere Gruppen die Aufgabe, bestimmte Gefühle darzustellen. Der Rest der Klasse soll das Gefühl erraten. So wird das Einfrieren von Bewegungen und Körperhaltungen eingeübt.
Als Variante dieser Übung bewegen sich die Schüler im Raum. Durch Zuruf eines Gefühls frieren die Schüler ihre Körperhaltung ein.

Variante 2:

In einer Fotoausstellung werden die Standbilder präsentiert.

Konkrete Unterrichtsbeispiele:

- Ein vor Angst erstarrter Mensch
- Eine Haltung der Gerechtigkeit
- Ein Ausdruck der Freude
- Außenseiter in einer Gruppe
- Konflikt in einer Gruppe

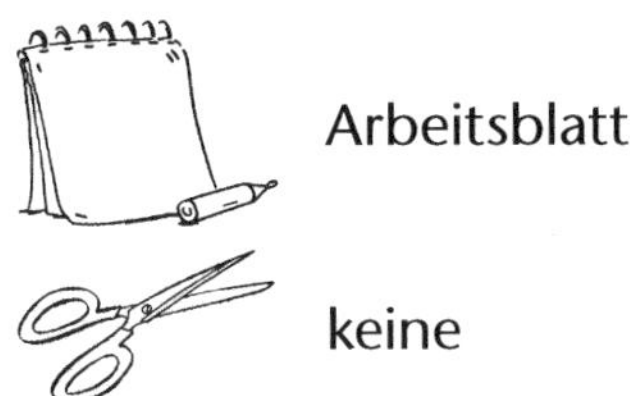

Arbeitsblatt

keine

Durchführung:

Am Ende einer Unterrichtsstunde oder -reihe sollten die Schüler die Möglichkeit haben, ein Feedback zu formulieren. Gerade bei komplizierten Sachverhalten ist dies hilfreich für weitere Unterrichtsplanungen.
Die Schüler erhalten ein Arbeitsblatt mit Satzanfängen und ergänzen diese (z. B. Nicht verstanden habe ich … / Gut fand ich … / Interessant fand ich … / Es fehlte … / Ich wünsche mir … / Anstrengend war …).

Weitere Hinweise:

Der Lehrer kann dieses Feedback als eine Art Hausaufgabe für sich selbst verstehen und zu Hause in Ruhe durchlesen. Er sollte der Klasse aber eine Rückmeldung geben und sich nicht rechtfertigen.
Die Ergebnisse können auch direkt mit den Schülern besprochen werden.

Variante 1:

Die Satzanfänge sind auf einzelne Plakate geschrieben und im Raum verteilt. Bei einem Rundgang kann jeder seine Einträge vornehmen.

Variante 2:

Die Schüler schreiben einen Brief an sich selbst, in dem sie formulieren, was sie gelernt haben. Auch kritische Anmerkungen sind dabei erlaubt.

Variante 3:

Die Fünf-Finger-Methode kann mit Satzanfängen verknüpft werden:
Daumen: Mich hat beeindruckt, dass …
Zeigefinger: Ich möchte hinweisen auf …
Mittelfinger: Gestunken hat mir …
Ringfinger: Zu Herzen gegangen ist mir …
Kleiner Finger: Eine Kleinigkeit …

Konkrete Unterrichtsbeispiele:

- Von Ihnen als Lehrer wünsche ich mir …
- Ich frage mich …
- Könnte man auch …
- Ich widerspreche …
- Ich verstehe nicht, warum …

vergrößerte Zielscheibe auf einem Plakat, Stifte bzw. Klebepunkte

Hängen Sie die Zielscheibe im Klassenraum auf.

Durchführung:

Auf einer Zielscheibe lässt sich auf einen Blick darstellen, wie die Schüler das Thema und den Unterricht erlebt haben und einschätzen. Sie ist in verschiedene Sektoren eingeteilt, die jeweils einen Aspekt abbilden (z. B. Mein Lernerfolg / Das Klassenklima / Die methodische Unterrichtsgestaltung / Die Lernbedingungen). Die Schüler können sich auf der Zielscheibe auf einer Skala von 1–8 positionieren (Stift oder Klebepunkt). Dabei ergibt der Mittelpunkt den höchsten Wert.
Das Ergebnis wird gemeinsam betrachtet und kritisch reflektiert.

Weitere Hinweise:

Diese Feedback-Methode sollte vor dem Einsatz erläutert werden. Dabei können die Schüler festlegen, welche Aspekte sie einschätzen wollen.
Die einzelnen Stufen der Zielscheibe können auch verbalisiert werden (z. B. Das trifft überhaupt nicht zu / Damit bin ich einverstanden usw.).

Variante:

Die Zielscheibe hängt während der kompletten Unterrichtsreihe im Klassenraum. Die Schüler erhalten Magnet-Klebepunkte, die sie immer wieder verschieben können. Entsprechend muss das Material des Hintergrundes beschaffen sein. So lassen sich mit diesem Instrument auch thematische Abfragen schnell gestalten.

Konkretes Unterrichtsbeispiel:

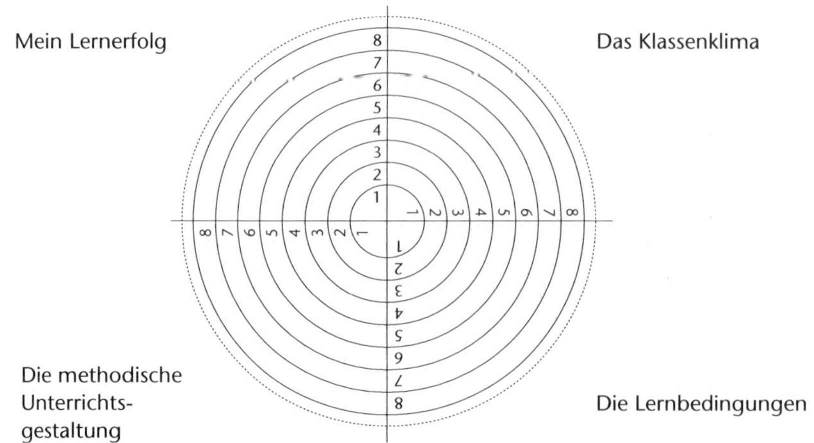